大数据财务管理的理念与模式研究

徐 静 著

哈尔滨出版社
H.P.H
HARBIN PUBLISHING HOUSE

图书在版编目（CIP）数据

大数据财务管理的理念与模式研究 / 徐静著．-- 哈
尔滨 : 哈尔滨出版社，2023.1
ISBN 978-7-5484-6666-6

Ⅰ．①大… Ⅱ．①徐… Ⅲ．①企业管理－财务管理－
研究 Ⅳ．① F275

中国版本图书馆 CIP 数据核字（2022）第 155226 号

书　　名：**大数据财务管理的理念与模式研究**
DASHUJU CAIWU GUANLI DE LINIAN YU MOSHI YANJIU

作　　者：徐　静　著
责任编辑：张艳鑫
封面设计：张　华
出版发行：哈尔滨出版社（Harbin Publishing House）
社　　址：哈尔滨市香坊区泰山路 82-9 号　邮编：150090
经　　销：全国新华书店
印　　刷：河北创联印刷有限公司
网　　址：www.hrbcbs.com
E - mail：hrbcbs@yeah.net
编辑版权热线：（0451）87900271　87900272
开　　本：787mm×1092mm　1/16　印张：11.5　字数：225 千字
版　　次：2023 年 1 月第 1 版
印　　次：2023 年 1 月第 1 次印刷
书　　号：ISBN 978-7-5484-6666-6
定　　价：68.00 元

凡购本社图书发现印装错误，请与本社印制部联系调换。
服务热线：（0451）87900279

前　言

大数据时代如期而至，它不仅丰富了人类探索未知世界的方式，也逐渐改变着人类的思维。过去，人们习惯于先想好要解决什么问题，再去获取相应信息，而到了大数据时代，人们的思维方式则演变为先尽可能地占有更多信息，遇到问题之后再从海量信息中"挖掘"解决方案。随着大数据技术的不断发展和广泛应用，包括财务管理在内的各行各业都迎来了前所未有的机遇和挑战。

传统上，财务数据只是企业经济业务活动的忠实记录；到了大数据时代，数据信息资源虽然不能直接创造价值，却可以成为企业发展的催化剂、助推剂，人们可以利用数据分析挖掘产生的重要信息，辅助经营管理决策，从而间接推动企业业绩的增长。例如，通过对消费数据的综合分析和深入挖掘，企业能够更准确地把握用户需求和消费习惯，更有针对性地提供个性化产品和服务，从而提高产品竞争力和服务质量；通过对政务数据的有效分析和利用，政府部门能够更全面地掌握现状，更准确地预判形势变化，提高公共服务和科学决策水平。

数据是所有财务工作的基础，也是财务部门拥有的其他部门无可比拟的优势。大数据的显著特征是数据信息多样性，即多元化的数据来源、非结构化的数据类型。进入大数据时代，除了商品交易、资金结算、债权债务等传统财务数据，人们还要收集和处理大量非结构化的业务数据，以及从互联网、专业会议、业务咨询、同行等渠道获取的零散数据。从异构数据源提取并集成的数据，大数据技术首先要对其进行关联、聚合，然后根据统一的标准和结构对其进行处理和存储。这样做才能确保数据的后续分析和利用。

大数据时代已经来临，随着大数据技术在财务管理中的不断深化应用，人们在制定财务决策时会逐步减少对经验和直觉的依赖，更多依靠数据和分析。为了充分发挥大数据的应用效益，深入挖掘大数据技术潜能，同时解决财务管理面临的一系列新难题，财务管理相关部门和从业人员必须大力增强大数据意识，不断深化大数据在财务管理中的应用，全面加强财务大数据安全管理。

目　录

第一章　财务管理···1

 第一节　财务管理的概念···1

 第二节　财务管理的对象···3

 第三节　财务管理的目标和职能·································4

 第四节　财务管理的任务和环节·································8

 第五节　财务管理的原则··12

 第六节　财务管理的环境··13

第二章　大数据背景下的财务管理概述··························17

 第一节　大数据背景下财务管理面临的挑战···················17

 第二节　大数据背景下的财务管理发展·······················21

 第三节　大数据对财务管理决策的影响·······················24

 第四节　大数据背景下企业财务的信息管理···················30

 第五节　大数据背景下企业财务的精细化管理·················33

 第六节　大数据背景下集团企业的财务管理···················35

 第七节　大数据背景下小微企业的财务管理···················39

第三章　大数据背景下的财务管理理念··························43

 第一节　平衡计分卡··43

 第二节　阿米巴经营··45

 第三节　ABC 成本法···47

 第四节　精益六西格玛··51

第四章　大数据背景下的财务管理模式··························54

 第一节　财务预测··54

　　第二节　财务决策 ……………………………………………64

　　第三节　财务预算 …………………………………………100

　　第四节　财务控制 …………………………………………123

　　第五节　财务分析 …………………………………………143

第五章　大数据背景下的财务风险管理 ………………………158

　　第一节　大数据背景下制造企业财务管理信息化风险因素 ……158

　　第二节　大数据背景下电子商务企业财务风险管理 …………161

　　第三节　企业财务风险管理理念 ……………………………165

　　第四节　大数据背景下企业财务风险管理体系模型的构建 …168

　　第五节　大数据背景下的内部审计与财务风险管理 …………170

　　第六节　大数据背景下财务管理的转型研究 ………………172

　　第七节　大数据背景下政府部门财务风险的控制 …………174

参考文献 …………………………………………………………177

第一章　财务管理

第一节　财务管理的概念

随着我国市场经济的发展，财务管理越来越重要。建立与我国市场经济相适应的财务管理科学体系，是当前和今后十分重要的课题，必须认真加以研究。

企业财务，是指企业在再生产过程中客观存在的资金运动及其所体现出的同有关各方面的经济关系。

财务管理，则是企业在生产过程中客观存在的财务活动和财务关系，是企业组织财务活动、处理与各方面的财务关系的一项经济管理工作。企业财务管理也就是对企业财务进行管理。企业的资金运动是和市场经济的存在和发展分不开的，体现在以下几个方面：

一、企业资金的运动过程

企业在生产过程中不断地循环进行，其资金从货币资金形态开始，通过供应、生产、销售三个阶段，又回到货币资金形态。从货币资金开始经过若干阶段，又回到货币资金的运动过程，称为资金的循环。企业资金周而复始不断重复的循环，称为资金周转。资金周转越快，经济效益越佳。生产企业的资金运动包括筹资、运用、耗费、收入和分配五个方面。

（一）资金筹集

企业筹集资金，是资金运动的起点。筹资是指企业为了满足投资和用资的需要，筹措和集中所需资金的过程。筹资要确定筹资总规模和合理筹资结构以降低筹资成本。企业的自有资金，是通过发行股票或其他方式从投资者那里吸收直接投资取得的。同时，企业还可以通过向银行借款、报经批准发行债券等方式吸收借入资金，构成企业负债。

（二）资金投放

企业筹集的资金，要合理投放运用于经营资产方面，以谋求最佳的经济效益，包括企业购置的各种资产，以及对外投资的活动过程。

（三）资金营运

企业的营运资金，是为保证企业日常生产经营活动需要而垫付的资金。同时又在营运销售中不断收回增多。营运资金的周转快慢直接影响着企业经济效益的好与差。

企业在经营活动中，首先要采购材料或商品，同时还要支付员工的工资和其他各种费用。因此，怎样提高资金营运效果，加速资金周转，是非常重要的。

企业生产的产品在销售过程中取得的销售收入，使企业从成品资金形态转化为货币资金形态，它不仅可补偿产品成本，而且可以实现企业利润。同时，企业还可以从对外取得投资收益，使企业的自有资金不断增大。

（四）资金分配

企业所取得的销售收入，除弥补经营耗费、缴纳税金所形成的营业利润，加上对外投资收益、其他净收入构成的企业的利润总额，按国家规定缴纳所得税后的净利润，要提取公积金、公益金，所余利润作为投资收益分配给投资者。

二、财务关系

企业财务关系是指企业在组织财务活动过程中与有关各方发生的经济利益关系。企业资金的筹集、投放、营运、收入和分配运动的全过程，与企业上下各方面都有着广泛的联系，可以概括为以下几个方面：

（一）企业与政府之间的财务关系

企业应按照国家的税法和其他法律规定，及时足额缴纳增值税、营业税、消费税、资源税、所得税及其他法规规定的税费。它是作为国家管理者财政收入的主要来源，是企业生产经营者对国家应尽的义务。

（二）企业与投资者和受资者的财务关系

投资者一般包括国家、法人、个人和外商。投资者按合同、章程规定向企业投入的资金，构成企业所有者的资本投入，包括货币、实物和无形资产。企业运用这些资本进行营运，实现的税后利润，应按照投资比例或合同、章程的规定，向投资者进行分配，体现了经营管理权与所有权的关系。

企业在满足自身经营所需资金外，还可将暂时闲置的资金或实物向其他单位投资，这些被接受投资的单位即为受资者。受资者应根据实现的利润，向企业分配投资收益。企业与受资者的财务关系是所有权性质的投资与受资的关系。

（三）企业与债权人之间的财务关系

企业若经营资金不足以周转，所向银行借款或经批准向社会发行债券，抑或企业向外购买材料（商品）发生的延期付款所形成的应付账款。债务到期，企业要按期归还，恪守商业信用。企业同债权人的财务关系，属于债务与债权的关系。

（四）企业与债务人之间的财务关系

企业在满足其营运业务资金需要后，若有闲置资金向其他单位购入债券，或者在销售产品发生的延期收款而形成的应收账款，企业应及时进行清理，按期收回，以免占压资金。企业与债务人属于债权关系。

（五）企业内部各单位之间的财务关系

企业内部各单位之间在生产经营过程中，相互提供各道工序阶段产品或劳务，应进行计价结算。企业财务部门同内部其他部门、各单位之间，以及各单位相互之间发生的资金结算关系，也体现了企业内部各单位之间的经济利益关系。

（六）企业与职工之间的财务关系

企业的职工是企业的劳动者，企业根据职工自身提供的劳动数量、质量情况，支付其工资、津贴、奖金或其他福利补贴，以及按国家规定提取公益金等，体现着企业与职工劳动所形成的经济分配关系。

第二节　财务管理的对象

财务管理是组织资金筹集、投放、营运和分配有关的财务活动，处理与各方面财务关系的一项管理。财务管理的对象，是企业再生产过程中的资金运动，也是企业货币资金的流转。要了解财务管理的对象，必须知道企业再生产过程中的资金运动。企业生产经营资金运动的过程，是随着再生产进行不断循环和周转的过程。企业的资金只有不断循环和周转，才能实现其创造的价值和增值。

一、资金循环

企业的货币形态资金由始发点经过一系列非货币资金形态转化又回到货币资金形态的始发点的过程，就完成了一个循环过程，称为资金循环。资金循环可分为短期资金循环和长期资金循环。

（一）短期资金循环

短期资金是指企业的各种资产，可在一年内或超过一年的一个营业周期内变现、周转或运用的资金。

短期资金是企业全部营运资金中周转最快的资金，它是随着再生产的不断进行改变形态，变现时间短，包括货币资金、存货、短期投资、应收及预付款项和待摊费用等。

（二）长期资金循环

长期资金是指资产使用一年以上，或不能全部计入当年损益而应当在以后年度分期摊销的费用，以及对外的长期投资等。长期资金是企业全部资金中周转比较缓慢的资金，它的周期，从最初投入的货币资金到该项资产成本全部补偿或收回，至少需要一年以上、几年或几十年时间。它包括固定资产、无形资产、递延资产和长期投资等。

二、资金周转

企业资金是随着再生产经营过程不断循环、周而复始地不断重复的循环，称为资金周转。由于资金每周转一次，便会给企业资金带来一次增值，资金周转速度的快慢必然影响企业经济效益的高低。

企业资金循环随着再生产周而复始地不断进行，资金周转就是以此为基础，资金每完成一个循环过程就是完成了一次资金周转。资金在一定时期内（如以年为单位）循环的次数称为资金周转次数，资金周转一次所需要的天数，称为资金的周转天数，资金的周转次数和周转天数是资金周转速度的具体表现形式。资金周转次数，说明企业全部资金在一定时期的一年内周转了几次；资金周转天数，说明企业全部资金在一定时期的同一年内每周转一次所需的天数。

资金周转次数同资金周转天数两者成反比例关系，在一定时期内的资金周转次数越多，资金周转的天数就越少，其资金周转速度越快，对企业的经济效益则越好。若在一定时期内的资金周转次数越少，资金周转的天数就越多，其资金周转速度则越慢，对企业的经济效益则越差。因此，每个企业都必须十分注意其资金周转的速度，充分合理地运用资金，避免资金占压浪费，加快资金周转，提高经济效益。

第三节　财务管理的目标和职能

一、财务管理的目标

目标，系统论认为正确的目标是系统良性循环的前提条件和系统希望实现的结果。企业财务管理目标的确定，受企业目标的制约。

（一）企业目标

在市场经济条件下，企业是以营利为目的的组织，其出发点和归宿都是赢利。企业一旦设立，就要面临激烈的市场竞争，始终处于生存、发展、萎缩、倒闭的矛盾之中。因此，企业必须以质量求生存，以信誉求发展，根据市场需求，不断创新，才能不断发展，在激烈的市场竞争中永远处于不败、领先之地。企业目标可具体分为生存、发展和获利。

1. 生存

企业在竞争中首先必须求生存，才能获利发展。众所周知，企业在生产经营中，以其各项总收入同其生产经营成本、各种耗费、税金和偿还债务应摊销的期间费用后，至少要相等于所付出的资金，才能继续维持简单再生产经营。

同时，企业在生产经营中必然会发生一些赊销或赊购往来业务，或为了扩大生产经营向银行借款，而形成债权债务。企业对赊销所发生的应收账款必须及时进行清理收回，防止资金占压，影响资金周转。同时，企业向外赊购所发生的应付账款和向外的借款，应经常心中有数，按期归还，以保持企业的生存信誉。

2. 发展

企业只有在生存中才能求得发展，企业也只有在发展中才能求得生存，这两者是相互紧密联系的。在激烈的市场经济竞争中，企业的生产经营，犹如"逆水行舟"，盈利和亏损风险都是随时并存的。企业必须不断地加大科技力度，不断地研制创新，推出更新、更好、更受顾客欢迎的产品，努力做好产品的售后服务工作，以信誉求发展。

3. 获利

在市场经济条件下，建立企业的目的是盈利，盈利不仅体现了企业的出发点和归宿，而且可以反映其他各种目标的实现程度，有助于其他各种目标的实现。因此，企业只有能够获利，才有存在的价值。但是，企业的获利，应是在国家法律允许的范围内，在不影响社会公德和生态环境保护的情况下的获利，而绝不允许以牺牲社会公德和生态环境为代价，危害国家和公众利益的获利。

（二）企业的目标对财务管理的要求

企业目标对财务管理的第一个要求是生存。企业生存的威胁主要有两方面，一是长期亏损，二是资金周转困难。因此，不能按期偿还债务，是企业终止的根本原因和直接原因。为此，企业应力求保持以收抵支和偿还到期债务的能力，减少和消除企业破产的风险，使企业能长期、稳定地生存下去。

企业目标对财务管理的第二个要求是发展。企业的发展集中表现为扩大生产经营业务，增加收入。扩大收入的根本途径首先要提高员工的素质，不断更新设备、技术和工艺，增大产品科技含量，提高产品质量，不断推出创新产品，扩大销售，增加积累，改进管理，为企业的发展筹集所需要的资金。

企业目标对财务管理的第三个要求是获利。盈利就是使资产获得超过其投资的盈余回报。谁都知道，在市场经济中，无论哪种来源的资金，都要支付一定的报酬，形成其成本。因此，企业目标要求对企业生产经营中产生的和从外部筹集获得的资金加以有效利用。

（三）财务管理目标

对财务管理目标的表述，人们的看法尚不一致，现做以下两种表述：

财务管理的目标是企业进行理财活动所要达到的目的，它决定着企业财务管理的基本方法，是评价企业的财务活动是否合理、合法的标准。

财务管理目标是在特定的理财环境中，通过组织财务活动，处理财务关系所要达到的目的。从根本上说，财务管理目标取决于企业生产目的或企业目标，取决于特定的社会经济模式。

根据现代企业财务管理的理论和实践，人们总结出的最具代表性的财务管理目标主要有以下三种观点：

1. 利润最大化

利润最大化是指企业的投资预期收益确定的情况下，财务管理行为将朝着有利于企业利润最大化的方向发展。企业以追求利润最大化作为财务管理的目标有一定的道理。

但是，在利润最大化目标的实践中，尚存在一些问题。（1）利润最大化没有考虑资金时间价值；（2）没有反映创造的利润与投入之间的关系，不利于企业不同期间之间的比较；（3）没有考虑风险因素；（4）片面追求利润最大化，可能导致企业产生短期行为，如忽视后备产品开发、生产安全、人才培养、福利设施和社会责任等，甚至可能发生有损社会公德、破坏社会生态环境、危害国家和公众利益的不良行为。对此，人们必须引起高度重视。

2. 资本利润率最大化或每股利润最大化

资本利润率是企业税后净利润额与资本额的比率。每股利润是企业税后净利润额与普通股股数的比值。这一目标的优点是，它能把企业实现的利润额同投入的资本或股本数进行对比，说明企业的盈利水平。但其缺点是，它仍然没有考虑资金时间价值和风险因素。

3. 企业价值最大化

建立企业的重要目的，在于创造尽可能多的财富。企业价值的最大化，是指企业通过生产经营，在激烈的市场竞争中，不断开拓创新产品、优化业务服务、不断增大企业财富，使企业价值最大化。对企业进行评价时，不仅要评价企业已经获得的利润水平，还要评价企业潜在的获利能力。因此，企业价值不是账面资产的总价值，而是企业全部财产的市场价值，它反映了企业潜在或预期获利能力和未来收入预期。这种计算办法考虑了资金的时间价值和风险问题。企业的收益越多，其价值或股东财富越大。以企业价值最大化作为财务管理的目标，其优点表现在以下方面：（1）考虑了资金的时间价值和投资的风险价值，有利于选择投资方案；（2）反映了对企业资产保值增值的要求，股东财富越多，企业市场价值就越大，追求股东财富最大化可促使企业资产保值或增值；（3）有利于克服管理上的片面性和短期行为；（4）有利于社会资源合理配置，实现社会效益最大化。

以企业价值最大化作为财务管理的目标也存在一些问题：（1）对于股票上市企业，虽可通过股票价格的变动揭示企业价值，但股票价格受多种因素的影响，不一定能够揭示企业的获利能力。（2）现代企业不少采用环形持股的方式，相互持股，对股价最大化目标没有足够兴趣。（3）对于非股票上市企业，只有对企业进行专门的评估，才能真正确定其价值，但这种估价不易做到客观和准确，导致确定企业价值的困难。

应当指出，企业不但要为其所有者提供收益，还要合理地承担相应的社会责任，如保护生态平衡、防治环境污染和支持社区文化教育福利事业等。

企业价值最大化有利于体现企业管理的目标，更能揭示市场认可企业的价值，并且也考虑了资金的时间价值和风险价值，因此，通常认为企业价值最大化是一个较为合理的财务管理目标。

（四）财务管理目标的协调

企业财务管理目标是企业价值最大化，在实现这一目标的过程中，财务活动必然涉及不同利益主体之间的矛盾，如何进行协调是财务管理必须解决的问题。

1. 所有者与经营者的矛盾与协调

企业价值最大化直接反映了企业所有者的利益，它与企业经营者没有直接的利益关系。经营者与所有者的主要矛盾是经营者希望在提高企业价值和股东财富的同时，能更多地增加享受成本，而所有者和股东则希望以较小的享受成本支出带来更高的企业价值或股东财富。为了解决这一矛盾，应采取让经营者的报酬与绩效相联系的办法，并辅之一定的监督措施。具体方法如下：一是解聘，二是接受，三是激励。通过这三种方法以使经营者自觉地采取满足企业价值最大化的措施。

2. 所有者与债权人的矛盾与协调

所有者的财务目标可能与债权人期望实现的目标发生矛盾，如所有者要求经营者将资金投入风险高的项目，或未征得债权人同意发行新债券等。为协调所有者与债权人的矛盾，通常可采用两种方式进行协调：一是限制性借债；二是收回借款或不再借款。

二、财务管理的职能

职能是指可能发挥的作用，并经过实践已经认定和公认，而成为主体所具有的功能。财务管理的职能是指财务管理所固有的职责与功能。

企业财务管理的职能，主要包括以下几个方面：

（1）筹集资金。企业要进行生产经营活动，必须拥有足够的营运资金，企业财务管理的首要职能就是筹集资金。

（2）运用资金。运用资金的根本目的是促进企业合理有效地使用资金，是企业财务管理的一个重要职能。

（3）分配资金。分配资金是企业生产经营资金正常循环的纽带，是企业财务管理的一项重要职能。

（4）监督资金。资金监督的目的在于发挥财务管理对生产经营的能动作用，保证国家方针、政策、法令和财经制度的贯彻执行，提高企业的经济效益。

上述财务管理的四项职能互相联系、相互补充、相互制约、缺一不可。

第四节　财务管理的任务和环节

一、财务管理的任务

企业财务管理的任务，根据《企业财务通则》规定，主要有以下五项：

（一）参与筹资决策，组织资金供应

企业财务管理的首要任务就是依法合理筹集资金。企业财务部门应积极参与企业的筹资决策和经营决策，根据企业的生产经营任务和其他条件，结合运用资金的要求，正确合理地预测企业完成生产经营任务所必需的资金，并通过各种渠道和各种方式取得资金，及时供应生产经营的需要。

（二）合理运用资金，提高利用资金效果

企业财务管理部门首先必须管好、用好各项资金，要把有限的资金用于最需要和最关键的方面。在运用资金中，要力求做到科学、高效、合理，减少和消除风险。企业的流动资产、长期投资、固定资产、无形资产和其他资产等，应有合理结构，分布合理。如能安排得当、使用合理，就能提高资金利用效果。

（三）降低产品成本，提高经济效益

企业进行生产经营活动，必然要发生一定的耗费，企业财务管理必须努力挖掘企业潜力，促使企业科学合理地使用人力和物力，降低产品成本，以尽可能少的生产经营耗费，取得尽可能多的生产经营成果，增加企业盈利，提高经济效益。

（四）依法分配收入，合理积累资金

企业的收入，主要是销售产品的货币收入。销售收入首先要补偿生产经营中的耗费和支付员工的劳动报酬，余下的纯收入再扣除销售税金、资金占用费和期间费用，形成企业利润，加上对外投资收益和其他收入上缴所得税后，形成企业的净利润，然后依照法规进行分配。企业收入的分配，关系着国家、投资者、企业职工之间的经济利益，一定要从全局出发，正确进行分配，为国家和企业积累发展资金。

（五）进行财务监督，维护财经纪律

企业财务管理在为企业生产经营活动服务的同时，还必须利用价值形式对企业生产经营过程进行调节和控制的正确监督。其目的是为了保证国家方针、政策、财经制度和法令的正确贯彻执行，以维护财经纪律。对于那些违反党和国家的方针、政策、财经制度、法令，损害国家和公众利益和长远利益的错误行为，要及时发现，迅速向有关方面反映情况，并提出处理建议，促使有关方面及时解决。

二、财务管理的环节

财务管理的环节，也就是财务管理的工作步骤与一般程序。财务管理主要包括以下几个环节：

（一）财务预测

财务预测是根据财务活动的历史资料和其他有关资料，考察现实的要求和条件，对企业未来的财务活动和财务成果做出科学的预计和测算。财务预测的一般程序如下：

1. 明确预测目标

财务预测的目标也就是财务预测的对象和目的。由于预测目标不同，其预测资料、模型的建立、预测方法的选用和表现方式等也不同。因此，必须明确预测的具体对象和目的，以规范预测的范围。

2. 搜集相关资料

根据预测的对象的目的，要广泛搜集与预测目标相关的各种资料信息，并对这些信息资料进行可靠性、完整性、典型代表性的检查和归类、汇总、调整等加工处理，使资料符合预测的需要。

3. 建立预测模型

根据影响预测对象的各个因素之间的相互关系，建立相应的财务预测模型。一般的财务预测模型有因果关系、时间序列和回归分析等预测模型。

4. 实施财务预测

根据经过加工整理的资料代入财务预测模型，选用适当预测方法，进行定性、定量分析，确定预测结果。

（二）财务决策

财务决策是指财务人员在财务目标的总体要求下，通过专门方法从各种备选方案中筛选出最佳方案。财务决策可实现的程度的高低，关系到企业的兴衰成败，必须认真对待。财务决策的一般程序如下：

1. 确定决策目标

为了正确决策，首先必须确定决策目标。以便根据决策目标有针对性地做好各个阶段的决策分析工作。

2. 提出备选方案

根据决策目标，运用适当的方法，对所搜集的资料做进一步的加工、整理，提出实现决策目标的各种备选方案。

3. 选择最优方案

备选方案提出后，根据决策目标，采用一定的方法，分析评价各种方案的经济效益和社会效益，进行权衡，从中选出最优方案。

（三）财务预算

财务预算是运用科学的技术手段和方法，对目标进行综合平衡，制定主要指标，拟定增产节约措施，协调各项指标。财务预算是以财务决策确定的方案和财务预算提供的信息为基础进行编制的。财务预算编制的一般程序如下：

1. 分析财务环境，确定预算指标

根据社会宏观环境和企业内部微观状况，运用科学方法，分析与所确定的经营目标有关的各种因素，按照总体经济效益原则，确定出主要预算指标。

2. 协调财务能力，组织综合平衡

合理安排人力、物力、财力，使之与经营目标的要求相适应，资金运用同资金来源平衡，财务收入同财务支出平衡。努力挖掘企业潜力，从提高经济效益出发，对企业各方面的生产经营活动提出要求，制定各单位的预算指标。

3. 选择预算方法，编制财务预算

以经营目标为核心，以平均先进定额为基础，编制企业的财务预算，并检查各项有关的预算指标是否密切衔接、协调平衡。

（四）财务控制

财务控制是在财务管理的过程中，利用有关信息和特定手段，对企业财务活动施加影响或调节，以便实现预算指标、提高经济效益。实行财务控制是落实预算任务、保证预算实现的有效措施。财务控制的一般程序如下：

1. 制定控制标准，分解落实责任

按照责、权、利相结合的原则，将预算任务以标准和指标的形式分解落实到分厂、车间、科室、班组或商店柜组以至个人，这样，企业内部每个单位、每个职工都有明确的工作要求，便于落实责任和检查考核。

2. 实施追踪控制，及时调整误差

在日常财务活动中，应采取各种手段对资金的收付和占用等实施事先控制。凡是符合标准的，就予以支持；凡是不符合标准的，则加以限制，并研究处理。

在预算执行过程中还应对结果与目标的差异及时进行调整。将实际数与预算数或其他标准数进行对比，考察确定差异的程度、性质和造成差异的责任归属，进行调节，以消除差异，顺利实现预算指标。

3. 分析执行差异，进行考核奖惩

企业在一定时期终了，应对各责任单位的预算执行情况进行分析、评价，考核各项财务指标的执行结果，把财务指标的考核纳入各级岗位责任制，运用激励机制，实行奖优罚劣。

（五）财务分析

财务分析是根据核算资料，运用特定方法，对企业财务活动过程及其结果进行分析和评价的一项工作。通过财务分析，可以掌握各项财务计划的完成情况和评价财务状况，研究和掌握企业财务活动的规律性，以改善和提高企业管理水平，提高企业经济效益。财务分析的一般程序如下：

1. 占有资料，掌握信息

开展财务分析首先应充分占有有关资料和信息。财务分析所用的资料通常包括财务预算等计划资料、本期财务报告等资料、财务历史资料及市场调查资料。

2. 指标对比，揭露矛盾

对比分析是揭露矛盾、发现问题的基本方法。财务分析要在充分占有资料的基础上，通过数量指标的对比来评价企业业绩，发现问题，找出差异。

3. 分析原因，明确责任

影响企业财务活动的因素，有生产技术和生产组织方面的；也有经济管理和思想政治方面的；既有企业内部的，也有企业外部的。这就要求财务人员运用一定的方法从各个因素的相互作用中找出影响财务指标的主要因素，以便抓住关键，分清责任。

4. 提出措施，改进工作

要在掌握大量资料的基础上，去伪存真、去粗取精、由此及彼、由表及里，找出各种财务活动之间及财务活动同其他经济活动之间的本质联系，然后提出明确具体、切实可行的改进措施，以推动企业财务管理的发展。

第五节　财务管理的原则

《企业财务通则》第四条规定，企业财务管理的基本原则，是建立健全企业内部财务管理制度，做好财务管理的基础工作，如实反映企业财务状况，依法计算和缴纳国家税收，保证投资者权益不受侵犯。

一、建立健全企业内部财务管理制度

为了加强财务管理和保证经济责任制的贯彻执行，企业必须建立健全内部财务管理制度，应根据《企业财务通则》和国家有关财经法规制度，结合企业具体情况建立健全资产管理制度、成本和费用管理制度、营业收入管理制度、利润和利润分配管理制度、财务收支管理制度、财务报告与考评制度等。企业内部的经济责任制主要表现为财务管理工作的统一领导和归口分级管理。财务管理工作的统一领导，是指由厂长（经理）负责组织和指挥。涉及企业生产经营活动的全过程和各个方面，要把工作搞好，还必须正确处理企业内部各单位在财务管理方面的责、权、利关系，充分发挥各方面的积极性，实行归口分级管理。同时，要正确处理成本、费用与产销量、服务质量的关系，把眼前的经济效益与长远的经济效益、企业的经济效益与社会效益统一起来。

二、做好财务管理的基础工作

做好财务管理的基础工作非常重要，它主要包括计量、原始记录、定额和计划等方面的工作。计量是指物品的入库、出库和日常管理都需要按实物的数量单位核实，做到数量准确。物品入库要验收数量和质量，做到度量器具准确、验收手续完备，物品出库做到手续完备合理、把好数量关；日常保管要保证物品的安全完整，做到账实相符。财务核算真实、准确。原始记录要求做到及时、真实、准确和完整，为财务核算提供可靠的资料。制定定额就是确定单位产品用料、用工的数量和费用的开支标准。各项定额是编制财务计划、控制各项费用、监督和考察财务活动的依据。定额制定以后，企业要认真贯彻执行。

三、如实反映企业财务状况

如实反映企业财务状况是企业财务部门义不容辞的责任。它不仅有利于企业经营决策者、投资者和国家财税机关了解企业生产经营活动的真实状况和经营成果，而且有利于企业正确地做出经营决策和提高经济效益。因此，企业必须做好财务管理的基础工作，提高人员素质，严肃财经纪律，加强和改善财务核算，认真、准确地编制财务报告，如实、准确地反映企业的财务状况。在企业财务管理过程中，一方面，要通过加强资产管理来减少资产占用和资产耗费。通过成本、费用管理来控制人力、物力和财力消耗。通过营业收入和利润的管理来实现商品销售和企业的营业利润。另一方面，要通过财务管理促进企业全面改善生产经营管理，协调企业的生产经营活动，提高经济效益。

四、依法计算和缴纳国家税收

为了维护国家职能行使的权益，企业必须根据其收入，按照税法有关规定，依法计算和足额缴纳各种税款。必须按不同税种核实计税；按规定的计税依据、税率和计算方法计算应纳税额；按规定的纳税期限及时、足额缴纳税款，不得违法偷税或抗税。

五、保证投资者权益不受侵犯

投资者设立企业是为了获利。为了保护企业投资者的合法权益，使其投入的资本有所保值和增值，企业就要建立健全财务管理制度，加强对各项资产的核算和管理，有效利用和提高资产的使用效果。加强资产、成本、费用、营业收入、利润与利润分配管理和核算，以提高经济效益。根据企业实现的税后净利润，依照法定程序提取公积金、公益金后的剩余利润按比例或合同向投资者进行分配，实现资产的保值和增值。

第六节　财务管理的环境

人类社会的任何事物都是在一定的环境联系下产生、存在和发展的，财务管理也不例外。

一、财务管理环境的概念

环境，系统论认为就是被研究系统之外的，对被研究系统有影响作用的一切系统的总和。

财务管理环境，指的是财务管理以外的并对财务管理系统有影响作用的一切系统的总和。它们构成财务管理的环境。

财务管理环境又可称为理财环境，是对企业财务活动产生影响作用的企业内外的各种因素，并且企业对财务活动的运行是以企业外部环境和内部环境为条件的，如国际、国内政治、经济、法律等和企业内部人员素质、生产设备、产品科研开发等。略述如后：

二、政治环境

政治环境，是指一个国家的政权稳定与否，也就是政治环境的好与不好。一个国家的政治环境好与不好，将影响整个国家的经济和各个方面的发展。

三、经济环境

财务管理的经济环境是指影响企业财务管理的各种经济因素，主要包括经济周期、经济发展水平和经济政策等。

（一）经济周期

在市场经济条件下，经济发展与运行带有一定的波动周期性。这种波动大体上经历复苏、繁荣、衰退和萧条几个阶段的循环，这种循环叫作经济周期。资本主义经济周期是人所共知的现象，西方财务学者曾探讨了经济周期中的经营理财策略。复苏时期增加投入、增加劳力→繁荣时期扩充投入、增加劳力→衰退时期停止扩张、停止增雇员→萧条时期建立投资标准、裁减雇员。

我国的经济发展与运行也呈现其特有的周期特征，带有一定的经济波动。我国曾经历过投资膨胀、生产高涨到控制投资、紧缩银根到进行正常发展的过程，从而促进了经济的持续发展。企业的筹资、投资和资产运营等理财活动都要受这种经济波动的影响，比如在紧缩银根时期，社会资金短缺，利率上涨，会使企业的筹资产生困难，增大成本，甚至影响企业的生产经营活动。市场利率的上涨使得企业的投资转向存款或贷款。西方的经济周期影响也不同程度地波及我国。因此，企业财务人员必须充分认识到经济周期的影响，掌握在经济发展的波动中理财的本领。

（二）经济发展水平

改革开放以来，我国的国民生产总值正以较快的速度增长，进一步推动了我国国有企业的现代化进程，确定了国民经济各部门的发展任务和规划，明确了产业结构调整和地区发展的政策。国民经济的飞速发展，给企业扩大规模、调整方向、打开市场，以及拓宽财务活动的领域带来了机遇。同时，在高速发展中资金紧张将是矛盾，这又给企业财务管理带来严峻的挑战。财务管理应当以宏观经济发展目标为导向，促进企业经营目标和经营战略的实现。

（三）经济政策

我国经济体制改革的目标是建立社会主义市场经济体制，以进一步解放和发展生产力。在这个目标的指导下，我国已经并正在进行财税体制、金融体制、外汇体制、外贸体制、计划体制、价格体制、投资体制、社会保障制度等项改革。所有这些改革措施，深刻地影响着我国的经济生活与企业的发展和财务活动的运行，如财税政策会影响企业的资金结构和投资项目的选择、价格政策会影响和决定资金的投向和投资的回收期及预期收益等。可见，经济政策对企业财务的影响是非常大的。这就要求企业财务人员必须把握经济政策，更好地为企业的经营理财活动服务。

（四）金融环境

企业需要资金从事经营和投资活动。除了自有资金以外，企业所需资金主要从金融机构和金融市场取得。金融政策的变化必然影响企业的筹资、投资和资金营运活动。因此，金融环境是企业最为重要的环境因素。

1.金融机构

社会资金从资金供应者手中转移到资金需求者手中，一般要通过金融机构。

（1）银行。银行是指经营存款、放款、汇兑、储蓄等金融业务，承担信用中介的金融机构。我国银行主要包括以下几种：①中央银行，即中国人民银行；②国家专业银行；③国家政策性银行；④其他银行等。

（2）非银行金融机构。非银行金融机构主要包括信托投资公司、租赁公司等。

2.金融市场

金融市场是指资金供应者和资金需求者双方通过信用工具进行交易而融通、办理各种票据和进行有价证券交易活动的市场。

金融市场对于商品经济的运动，具有金融中介、调节资金余缺的功能，有利于广泛地积聚社会资金，是企业向社会筹集资金必不可少的条件。财务管理人员必须熟悉金融市场的各种类型和管理规则，有效地利用金融市场来组织资金的供应和进行资本投资等活动。

3.利息率

利息率简称利率，是资金的增值额同资金价值的比率，是衡量资金增值程度的数量指标。资金作为一种特殊商品，通过利率这个价格标准实行再分配。因此，利率在资金分配及企业财务决算中起着重要作用。

利率按不同的标准可分为基准利率、套算利率；实际利率、名义利率；固定利率、浮动利率；市场利率、法定利率。

（五）法律环境

市场经济是以法律规范和市场规则为特征的制度经济。法律为企业经营活动规定了活动空间，也为企业在相应空间内自由经营提供了法律上的保护。

1. 企业组织形式

企业是市场经济的主体，不同类型的企业在所适应的法律方面有所不同和差别。按企业的组织形式可将企业分为独资企业、合资企业、公司企业等。公司企业又可分为有限责任公司和股份有限公司。

2. 税法

国家财政收入的主要来源是企业所缴纳的税金，国家的财政政策对于企业资金供应和税收负担有着重要的影响。国家税种的设置、税率的调整，具有调节生产经营的作用。企业的财务决策应当适应税收政策的导向，合理安排资金投放，以追求最佳的经济效益。

国家税收制度特别是工商税收制度，是企业财务管理的重要外部条件。我国从1994 年 1 月开始的新的税制有以下几种：

（1）所得税，包括企业所得税、外商投资企业和外国企业所得税、个人所得税。

（2）流转税，包括增值税、消费税、营业税、城市维护建设税。

（3）资源税，包括资源税、土地使用税、土地增值税。

（4）财产税，主要是房产税。

（5）行为税，包括固定资产投资方向调节税、印花税、车船使用税、屠宰税等。

第二章 大数据背景下的财务管理概述

第一节 大数据背景下财务管理面临的挑战

本节将首先分析大数据对企业财务管理的影响，其次讨论大数据给企业财务管理带来的机遇和挑战，最后提出企业应用大数据进行财务管理创新的思路。

作为具有革命意义的最新科学技术，大数据正在从各个角度影响着我们的生活，自然也包括企业财务领域。财务管理是企业管理的核心内容，对企业经营规划有着深刻的影响，能否执行优秀的财务管理关乎企业的生存发展。如何积极应对大数据背景下企业财务管理的环境变化和发展趋势，以敢于创新的姿态占领时代的先机，是当前我国企业必须认真对待的问题。

一、大数据对企业财务管理的影响

传统的企业财务管理所依据的数据是非常有限的，这使得财务数据分析也具有明显的局限性，导致财务管理缺乏全面的、精确的数据基础。建立在数据不完全可靠基础上的企业财务管理如同管中窥豹，很容易以偏概全，与市场的客观性存在较大差距，极易发生判断失误，最终导致企业利益的损失。而大数据技术能够为企业呈上全面的、实时的、精确的市场数据和系统的、多层次的、个性化的数据分析，使企业拥有更可靠的财务分析工具、更先进的财务管理和更有效的财务决策依据。具体而言，大数据对企业财务管理的影响主要包括以下五个方面：

（一）企业财务处理方式的变化

首先，大数据改变了财务处理的范围。传统财务管理概念中，企业仅处理与本企业直接相关的财务数据。但是在大数据背景下，凡是与本企业相关的数据都在收集和处理范围之内，如行业信息、金融市场波动、上下游企业财务状况变化等信息都逃不过大数据的关注和数据挖掘。其次，与传统财务管理方式相比，大数据更注重非财务信息的价值。大数据技术能够通过分析那些从表面上与财务完全无关的数据并对其进行提取、统计、归纳，从中找出与财务管理相关的经济规律、企业特征、潜在问题，为企业进行财务管理提供扎实的数字依据，更重要的是为企业指明提高财务管理水平的方向，使企业可以将有限的资源放在最关键的财务管理节点上，实现财务管理资源的最大化利用。

（二）企业会计核算方式的变化

传统财务管理大多采用"人—机"结合的半手工方式，而大数据背景下财务管理则向全自动化方向发展。在大数据平台的处理中，企业财务与外部相融合进行统一核算。基础核算工作越来越少，核算过程越来越智能化、去人工化、高速化和标准化。以华为公司为例，任正非为改变华为粗放式财务管理带来的风险，专门请来 IBM 的财务团队为华为量身定做了以大数据为支撑的集成财务体系（IFS），用大数据的会计核算理念重新梳理会计核算流程。该体系甚至成为影响华为现今组织架构的重要因素，正如华为一位财务顾问所说的："没有配套的 IFS，华为是不可能下决心将权力下放的。"

（三）对企业财务管理人员知识结构要求的变化

目前我国很多企业已经意识到大数据对财务管理变革的意义，但是由于传统财会人员在运用大数据技术方面存在能力不足、观念更新速度慢等原因，在具体运用大数据和进行大数据分析方面存在一定难度。在大数据背景下，企业财务人员不仅要具备财务方面的相关知识技能，还要掌握计算机、统计学等方面的知识，使大数据能够真正地服务企业。

（四）企业财务管理环境发生变化

大数据的出现改变了人们生活、工作的方式，同时也改变了人们的思想观念，在经济领域同样深刻影响着人们。普通消费者、企业、经济团体的众多金融行为都成为大数据收集的内容，众多企业应用大数据判断业务影响，加深对服务的理解，加快企业利润的增长。在这样的环境变化下，企业想要实现高水平的财务管理就不可能离开大数据的支持。

二、大数据给企业财务管理带来的机遇和挑战

（一）大数据给企业财务管理带来的机遇

首先，大数据采用巨量数据集合技术采集海量数据并进行分析，使企业财务人员从浩如烟海的数据中得到潜在的、具有关键财务价值的信息，为企业制定发展战略和重要决策提供有力的数据支持。

其次，通过对企业内外部庞杂信息的筛选和梳理，大数据帮助企业找到影响自身发展和健康运行的负面因素。举例来说，通过对企业投资、利益分配、运营管理等与财务相关的活动分析，大数据不但为企业指出可能存在的风险因素，也为企业风险管

理指明方向，有助于企业清醒地认识自身存在的问题和潜在风险，提前做好规避财务风险的准备，制定具有针对性的事前、事中和事后控制方案，有效降低风险发生概率，使财务管理更加稳定可靠地为企业服务。

再次，大数据可以为不同企业提供智能化的、形式统一的、内外融合的财务分析工具。一方面，大数据分析能够有效提升企业财务管理水平，降低财务管理工作量；另一方面，大数据通过综合性分析结果，提供以往财务部门和其他部门都无法提供的企业战略依据，使财务部门在企业中的地位得到大幅度提升。

最后，大数据将促进企业内部人员架构向更科学的方向发展。企业应用大数据处理财务管理问题时，不仅仅要收集财务数据，也要收集表面上看起来与财务"完全不相关"的数据。财务部门与其他部门共同调取、选择和分析数据，这就要求财务部门与其他部门建立更直接和更协调的关系，财务部门关注企业运行的范围更广，工作内容更全面。这些改变要么促使财务部门获得更高的管理职权，如长虹的"财务共享系统"使企业财务部门向高端化转型，成为企业运营的中心枢纽部门；要么促使企业重新规划财务框架，如海尔集团为了创新"人单合一的预算管理模式"，提高了一线员工对预案财务化的责、权、利，彻底改变了企业领导与普通员工之间的管理关系。无论哪一种，它都带动企业人员架构向更合理的方向发展，为企业带来更高的利润。

（二）大数据给企业财务管理带来的挑战

首先，企业将面对如何科学有效应用大数据的挑战。大数据浩如烟海、种类庞杂，如何快速提取、挖掘和分析数据对于企业财务部门来说是一项全新的挑战。从硬件角度来看，多数企业带宽不足，也不具备大数据所需的数据储存和处理条件。从软件角度来看，多数企业也不具备自行开发海量数据处理、建立超大型数据仓库和进行深度数据挖掘的能力。从财务人员角度来看，很多企业的财务管理人员并不具备应用大数据技术的技能。

其次，企业将面对财务管理模式转型的挑战。大数据背景下，企业财务管理将向信息化、智能化方向转变，变事后处理为事中处理。最重要的变化是传统的管理型财务方式向现代的价值型财务管理体系的转型，即将普通的记账管理工作模式转变为管理价值和创造价值的工作体系。如何实现这种改变并真正发挥新模式的作用，对企业来说是新的挑战。

最后，企业将面临寻找和培养新型财务管理人才的挑战。大数据的应用对企业财务管理人员提出了新要求，包括如何保护企业商业机密、如何提取具有价值的数据、如何结合企业所处行业特点和发展战略进行个性化数据分析等，都需要同时具有财务管理知识、统计知识、计算机知识和大数据应用技能的高水平人才。当前我国多数企业都缺乏相应的人才储备，因此如何寻找和培养新型财务管理人才是对我国企业的重要挑战。

三、大数据下企业财务管理的创新思维

（一）创新企业财务管理组织结构

企业通常根据职能进行财务管理，最常见的是将财务部门细分为会计部、财务部、资金部等。为迎接大数据对财务管理的改变，企业应主动创新财务部门的组织结构。

首先，企业应该在财务管理组织中设置独立的部门或人员来专项管理财务数据及与财务相关的非财务数据，进行数据获取、数据挖掘和分析。对于暂时不具备创建大数据财务管理体系的企业，可以购买第三方的大数据平台使用权，但仍需专人管理和分析数据。

其次，大数据的产生使财务管理与企业其他部门的联系更加紧密，企业管理者应从新的高度来看待财务管理在整个企业中的作用。根据企业自身的特点进行合理的重组。或学习长虹，提升财务管理部门在企业中的沟通能力；或学习海尔，通过制度和新的财务体系将财务管理渗透到企业运行的每一个环节，形成扁平化的财务管理流程。无论哪种，其最终目的都在于调动企业全员参与到财务管理中去。

（二）构建大数据财务管理系统

大数据的有效信息密度较低，想要从巨量数据中提取有效信息，就必须依靠大数据财务管理系统。该系统通过数据预测和数据挖掘分类等技术对所有与企业财务相关的大数据进行采集、分析、梳理和评价，不但能够为企业提供全方位的财务数据、指出存在的问题及潜在危险，还能评价上下游企业的财务及经营状况，预测企业乃至所在行业的未来发展趋势，为企业财务及发展战略的制定提供最可靠的数据。在条件允许的情况下，企业可以独立建设大数据财务管理系统，还可以购买第三方大数据平台的使用权，只需下载客户端就可以构建本企业的大数据库。对于大多数企业来说，这种方式更为快捷，成本也更低。

（三）建设大数据财务人才队伍

无论是依靠企业自身能力建设大数据财务分析体系，还是购买第三方大数据平台的使用权，财务管理部门都离不开能够应用大数据软件和对大数据进行分析的财务人才。这些人才不但要精通传统的会计学和财务管理知识，还要能够应用统计学、大数据技术，熟悉企业运营规律和所在行业的发展状态。只有这样的人才，才能真正发挥大数据在财务管理上的宏观优势，为企业提供具有较高价值的财务决策依据。为了得到这样的财务管理人才，企业一方面应强化原有财务管理人员的培训，全面提高财务人员的综合能力；另一方面应积极引进大数据人才，组建起具有现代化大数据综合处理和应用能力的财务管理团队。无论哪种方式，最终目的都在于充分利用大数据的优势，使其在企业财务管理中的价值得到真正的体现。

大数据从根本上改变了企业财务管理的实效。顺应潮流、完成自身变革，是时代对企业财务管理提出的必然要求，也是大势所趋。以积极主动的姿态迎接这一变革，可以为企业财务管理带来质的改变，也会为我国企业的整体发展带来深刻的影响。

第二节　大数据背景下的财务管理发展

现代企业管理中，财务管理是十分重要的一个部分。现代企业不仅要改变传统会计的核算方式，还要尽可能地找出财务数据中一些隐藏的信息，从而更好地了解企业的过去、现在和未来的发展趋势。在物联网、云计算、大数据理念迅速发展的过程中，企业的财务管理也在不断变化。金融管理最为重要的就是对数据的管理，而大数据的发展恰好满足了金融发展的需求，大数据不仅可以掌握大量的数据，而且类型十分多样，运行速度也有非常大的优势，因此大数据可以促进财务管理的发展。

一、大数据在财务管理中的作用

（一）增强决策的合理性

一直以来，财务管理在企业中发挥着十分重要的作用，因此科学的财务管理决策对企业来说是十分重要的，而要想促进企业的科学决策，企业就必须重视大数据的作用。大数据不仅可以帮助企业更好地实现财务管理的目标，还可以促进财务管理的决策更加科学合理，更好地实现财务决策与社会数据相结合，增加财务决策的科学性。比如，把大数据和财务管理数据结合在一起，在此基础上，发现数据产生背后的深层原因，这样可以帮助企业增加收益并且更好地减少支出，从而转变企业的销售策略，提升预见性，对企业未来的销售收入进行预测、分析与核算，促进企业的持续健康发展。

（二）增强对企业预算的管理

企业的各项财务活动都离不开预算。因此，要重视企业预算的管理，严格限制企业的预算。企业要对企业预算和执行的情况进行评估和分析，对预算的编制和执行情况要有充分的了解，探究其是否可以与国家法律和政策匹配，是否可以与会计法则和准则相匹配，最终得出其是否能推动企业的前进；企业的预算管理涉及的部门十分广，需要各个部门积极参与，在预算管理的过程中要及时发现存在的问题，及时提出一些有效的建议，更好地解决发现的问题，争取在市场竞争中占得优势，获得更高的经济效益，减少企业面临的风险。因此，大数据在预算管理中的作用十分重大。

（三）放大企业金融监督效果

金融监管是对企业收支活动的制约、监控、监督和促进。通过对财务数据的分析和整理，可以更进一步地补充金融管理的内涵，进一步扩大监管的范围。在金融管理中，大数据可以更好地了解项目的实施进度及企业的运行状况，还可以加强监督，帮助企业减少经营过程中的资金浪费现象，提高企业资金的利用率。同时还可以利用大数据，针对金融管理中出现的问题提出一些有效的建议，及时进行补救，确保财务管理工作可以高质量地完成，提升企业的经济效益。

（四）业务评估更加准确

企业业务的评估要实现可持续发展就必须重视大数据的作用，要有真实可靠的大数据信息做基础。作为最基本的、最丰富的资源之一，金融大数据可以首次用在金融活动中，对金融活动的基本情况全面了解，及时了解与金融活动相关的人力、物力情况，广泛收集信息，对国家的政策变化以及取得的成果有充分的了解。金融大数据可以对金融活动中所有相关的信息都做全面的了解，增加资金的利用率，让有限的资金发挥更大的效果。

（五）财务人员的工作量减少

传统的财务管理中，财务人员的实际动手能力必须很强，企业要想获得财务数据就要投入很大的精力。有时候，企业投入大量的资金，却只能获得很少的数据，投入与收获不成正比，而且此时获得的很多数据都已失去时效性。随着信息技术的应用及大数据时代的到来，这些问题都可以迎刃而解。更重要的是，大数据使企业的劳动成本降低了。

（六）推动财务人员转变为管理人员

在以前的很长一段时间里，企业的财务管理主要体现在财务会计中，即用记录报告等方式提供决策者所需信息。在当下的年代，大量的财务数据让财务会计在简单的数据资料中可以更加多元地掌握企业的发展状况及目前存在的漏洞，通过对数据的分析，企业可以评估企业的经营现状以及取得的成果。利用大数据，企业可以更加及时准确地发现财务管理中的问题，及时对其进行处理，管理能力大大提高。同时，企业的成本也可以有效地降低，开辟出一条更加准确的管理路径。再者，通过对大数据的利用，财务人员的决策和分析能力可以得到提升，对风险、信用、成本等方面的管理更加到位，财务人员也可以更好地发挥自己的管理才能，实现自我的价值。

二、大数据在财务管理中的作用

（一）对政策的分析更到位

金融数据最大的特点就是数量大、计算复杂，同时包含的信息也是更有价值的。

企业利用大数据进行解释，可以充分地了解企业的财务状况，对企业的业绩及现金流也可以有充分的了解，不仅可以了解企业过去和当下的财务状况，还可以对未来的发展有一定的预估。因此，对实时数据的掌握是财务管理可以取得重大进展的首要条件。企业对资本和业务的全面了解可以帮助企业更好地分配有限的资源，增强财务统计核算，健全财务统计报告体系。在该体系中，要重点关注企业的各项支出和成本。通过大数据的分析，企业的收入和支出情况更加明晰，我们进而研究出财务管理的政策措施；在对财政收支数据的多位分析中，我们可以定期编制月度预算执行分析手册；在分析区域市场增长和金融数据的基础上，我们可以找出企业发展的短期和长期规律，加强财务管理的预见性和成果效益，尽可能地减少企业面临的风险，发现行业潜在的发展趋势，从而更好地增强企业的竞争力。财务分析也要从数据出发，将一大堆数据转化为有效的参考资料，然后依据这些资料进行决策，增强决策的科学性。比如，企业可以对客户进行大数据分析，通过大数据分析发现很多潜在的信息，比如客户的消费观念等，根据客户的具体情况开发不同的产品，使得产品的销售更有针对性，以此来预测年度的收支状况。通过对这些数据的分析，企业的管理者做出决策就会更加合理。

（二）增强对预算的管理

企业预算一般是根据以前的数据及市场的变化制定的。通过对企业实际操作业务和预算数据进行比较，企业在此基础上，根据市场的变化合理地分配企业的各项资源，制订合乎实际的预算管理方案。比如综合预算，以前对综合预算的管理有很大的局限性，以前企业的各项信息的记录和保存多不完善，企业制定综合预算主要依据内部与历史的数据信息，而这些信息也有一部分是分散的，是独立存在的，难以与其他数据匹配。产业和先进企业的综合预算都不够完整。利用大数据，通过数据的交互、集成、处理、控制和集成内外部数据，可以让企业完成全面的预算，逐渐实现企业预算管理的科学性和时效性。另外，在预算实施过程中，对具体产品生产的损益情况进行分析，利用大数据采集信息，了解不同产品的详细数据，有助于企业把产品生产经营的实际数据和企业制定的预算数据进行比较，找到差异以及存在的问题，及时解决问题，减少企业面临的风险，提升经济效益。

（三）加强财务监督

企业的财务监督要依据规章制度的要求和程序进行，对企业经营活动的各个方面进行监督，促进企业进行科学合法的经营管理。获取信息可以促进企业财务监管的到位。随着大数据不断的发展，财务管理不仅打破了金融内部企业、财经界之间信息闭塞的局面，同时还使企业的财务状况得到各方面的监督，企业的经济活动更加透明，使其实现法制化管理。例如，通过对企业各项经营活动的监督和管理，人们可以知道企业是否存在虚假收益、企业财务活动效率降低和不经济等损害国家和企业利益的行为，阐释出企业的误区。与此同时，企业还应该保证企业财务报告等信息不被泄露，维护正常的经济秩序的准确性和可靠性。比如说，税务机关可以通过比较过去和现在的企业财务信息，检查遗漏，弥补不足，有效地监督企业的税后状况。除此以外，大数据可以使金融监管得到通过，从事后监管转向事前或者事中监管。另外，财务经理能在大数据的基础上收集与产品相关的各种数据。在分析总结后，企业可以对生产成本因素进行分析，精确地预计产品成本，实现对生产过程的监管。

（四）推进企业绩效评价

企业的评价本质上是依据市场经济要求实施的企业监管体系。绩效评价是衡量公司综合实力的重要指标。通过这种方式，它可以指导企业的经营，加强企业内部管理。目前，企业的绩效评价正在不断发展，传统的绩效评价只有单一的财务指标，现在的绩效评价已经实现了财务指标和非财务指标的统一，这样可以最大限度地提高信息和数据的有效性。

第三节　大数据对财务管理决策的影响

今天，我们生活在一个信息爆炸的时代，大数据技术能够以更低的成本、更高的效率应对和处理海量信息，因而在各个学科和生产制造领域都得到了快速的推广和应用。企业财务决策的效率和质量在很大程度上取决于对数据的取得、加工、分析和反馈能力。能否利用大数据和云计算技术提高企业的财务管理水平将成为企业未来发展的方向和关键。因此，研究大数据对企业财务管理工作的影响已成为当今社会普遍关注的热点问题，具有重要的理论意义和现实价值。

一、大数据对财务管理决策的影响

大数据是数据分析方向的前沿技术，社会的信息化发展产生了纷繁复杂的海量数据。通过大数据技术，人们能够以更低的成本、更加快捷的方式从不同类型和结构的巨量数据中提取有价值的信息。

大数据通常具有以下几个特点：第一，数据量巨大，处理的数据量从 TB 级向 PB 级提升；第二，数据类型多样化，从传统的结构化数据延伸到诸如图片、报表、音频和视频等多种形式的半结构化和非结构化数据；第三，快速响应，随着算法的优化和数据建模领域的技术突破，能够做到海量数据的实时处理；第四，高价值性，通过降维、数据挖掘等技术，大数据能够探寻并揭示数据背后的关联性，因而具有较高的商业价值。

大数据的研究已经推广到医疗、金融、交通等各个领域。政府部门也在重视大数据技术的应用和发展，"十三五"规划纲要中就提出，要深化大数据在各行业的创新应用，探索大数据与传统产业协同发展的新业态和新模式，要加快海量数据采集、存储、清洗、分析发掘、可视化、安全与隐私保护等领域关键技术的发展。

互联网数据中心"数字宇宙"提供的报告显示，全世界的数据量正在大规模增长，到 2020 年，世界对数据的使用量将达到 35.2ZB。面对如此庞大的数据洪流，传统的企业财务管理越来越无法满足现代企业管理的需求。

随着政府、企业、公众间数据的不断开放，利用大数据技术的财务工作者可以从多种渠道获取更为可靠的数据信息。如何将财务管理与大数据技术进行融合，跨越单纯的财务数据，挖掘财务和非财务数据背后的关联关系，以科学的方法进行分析预测，让数字开口说话，降低对主观判断的依赖，进行精准的财务分析与决策，成为企业在激烈的市场竞争中获取竞争优势的关键。

二、大数据对环境分析的影响

分析企业所处的内外部环境是财务决策的起点，在经济呈现全球化、多元化发展的今天，企业进行财务决策所需要的支撑数据已经不能仅着眼于单纯的内部财会数据，更需要将系统中所有利益相关者的全部信息都纳入考虑。传统的统计数据主要源自国家统计部门和企业内部经营记录，数据源较为单一，对社会、文化、生活消费习惯等领域的数据无法实现精准搜集，且更新速度较慢。借助大数据和云计算技术，一方面，企业可以统揽总公司和各子公司的结构化数据、半结构化数据和非结构化数据信息；另一方面，企业可以从外部，诸如新闻媒体、工商管理部门、税务部门、律师事务所、会计师事务所、银行、咨询机构和证券交易所等机构，获取各种与财务决策相关的数据。

在数据广泛收集的基础上，财务工作者可以利用大数据技术通过对海量的内外部数据进行筛选、清洗、转换和整合，从纵向的时间序列和横向的面板序列进行分析，充分了解企业当前的生存环境；也可以利用云计算数据实时更新、储存、传递的功能，应用事物间的相关性分析，捕捉现在和预测未来的趋势变化。例如，财务工作者可以通过分析客户和供应商的接口数据，来分析预测企业未来的销售额和库存，通过消费者在网站的点击量、检索字眼，了解产品需求的变化。传统的财务决策系统、Excel、WPS 等办公软件对于收集和处理如此庞大的数据十分乏力，大数据为企业制定战略规划和财务决策提供更加准确和完整的基础支撑，从而可以实现战略目标在不同地域分布的总公司、各子公司之间的一体化设计，促进公司内部的联动和配合，提升企业整体的运营效率。

三、大数据对指标核算的影响

正确、高效的财务决策很大程度上取决于所依据指标的核算是否准确、公允，大数据对企业的日常经营管理中指标核算的影响主要体现在以下几个方面：

（一）全面性

过去数据的记录、储存、分析和处理手段较为落后，难以对总体数据进行检验分析，因此传统的财务决策做法是根据抽样取得的数据特征来推断总体的特征。在大数据背景下，随着互联网和云计算等数据技术手段得到更加广泛的应用，可记录、储存的数据越来越多、越来越便捷，人们处理数据的能力也随着算法的升级得到显著提高，掌握总体的性质和特征将不再依赖于抽取样本数据的质量，通过大数据技术在搜集几乎全部的数据基础上进行的总体性分析，可以回避抽样误差，帮助财务工作者做出更加全面准确的判断和决策。

（二）中立性

在企业全面预算管理、投资融资决策、成本费用控制等财务管理工作中，经营管理者往往难以准确确定公允价值、折现率等指标。例如，在进行金融资产估值、投资项目比较时，需要广泛搜集公开市场的报价，尽可能详细地预测未来现金流量和最终处置费用；在确定折现率时需要估计风险调整，这些数据的确定很大程度上依靠财务人员的主观判断，而折现率出现在分母上，细小的变动也会很大程度上影响最终的决策。大数据为会计估计、职业判断等内容的确定带来了新的思路和方法，可以帮助财务工作者更加方便快捷地获取整体市场信息、了解市场最新动态，排除主观判断部分的干扰，更加准确地确定公允价值、折现率等指标，从而保证决策更为科学和合理。

（三）可靠性

通过大数据技术里的人工智能和深度学习，企业可以建立数学模型来探寻数据之间的关联关系。

在成本管理中，大数据技术可以辅助财务工作者更加精准地控制库存数量，按照业务实质客观地分配生产成本和费用，从传统财务会计核算转变为资源驱动作业、作业驱动价值的管理会计核算，根据更加可靠精准的数据基础来识别判断企业价值创造的动因和增长过程，引导企业管理者从规模管理转向价值管理，以提升企业价值为目标进行财务决策。

在销售管理中，大数据技术可以帮助企业识别高价值客户，分析客户违约概率，降低贸易中的信用风险。

（四）时效性

企业传统的财务管理方式，较为依赖顶层设计，靠自上而下的方式在企业内部层层传播。例如，在实施预算计划的编制和风险管理工作的布置时，且企业层级较多、规模较大，将会大大降低信息传递的时效和准确性，进而降低财务决策的应用价值。通过大数据技术，企业对财务管理流程中的每个节点可以实现实时的观测和反馈，使预算管理和风险控制贯穿于企业经营活动的始终，通过这种动态调整可以提高企业事前防范、事中化解风险的能力，降低事后承担的压力，防止预算管理失效、流于形式。

四、大数据对决策思维的影响

随着人们对算法的优化和对数据挖掘技术的开发，数据利用的方式和方法也将发生根本性的改变，财务工作者需要转换思维来做出正确的财务决策。

（一）从总体出发

传统决策方法更多地依赖于企业管理者多年积累的经验及丰富的管理理念，企业管理者在面临海量、烦琐的财务数据资源时，一旦外界环境发生变化，管理者没有充足的时间应对，可能会以偏概全，导致其无法准确挖掘数据背后蕴藏的价值，无法探究问题的真正本质，对财务数据的判断有失精准，进而影响决策的真实准确性，导致企业无法按既定策略实现价值。在大数据背景下，获取几乎全部的数据成为可能，财务工作者在制定财务决策时，可以使用总体分析来替代抽样分析，企业可以从源自工商管理部门的数据中分析政府监管信息，从源自税务部门的数据中分析纳税信息，从源自企业内部的经营数据中分析财务信息，从源自会计师事务所的数据中分析审计信息等，在全面数据分析的基础上，根据企业预算管理、筹资决策、投资决策、收入决策、定价决策、生产决策、成本费用决策等不同的决策需要，形成多层次的决策方案。

（二）从时效出发

在传统的财务决策中，财务工作者追求数据的精确性，但因为可获取的样本数量有限，如果根据不精确的样本去推断总体的性质特征，就会偏离真相，做出错误的决策。但是，一味地苛求样本储存记录的准确，会给会计人员带来繁重的数据筛选复核工作量，不能保证财务决策的及时性，滞后的财务信息虽然准确，却可能带来没有价值的分析决策结果。大数据的普及应用与云计算功能的结合，可以在相当程度上排除错误数据的噪声干扰，这对财务工作者依赖结构化数据精确性的传统思维带来了变革。面对需要快速反应的事件，如股票、汇率价格的波动预测时，财务工作者需要采用容错率思维，追求模糊的正确而非精确的错误。大数据的实时分析功能可以快速得出结论并预测趋势，为企业财务决策及时提供参考依据，大幅度提升财务决策的效率和质量。

（三）从关联关系出发

企业的财务决策离不开各种财务数据和非财务数据之间的相关性分析，传统的财务决策方式不可避免地在一定程度上依赖职业经验判断，信息不对称及代理成本的存在，给决策者谋取私利制造了空间。利用大数据技术和分析手段，人们能够获取、转换、加工处理与企业财务决策相关的各种结构化、半结构化以及非结构化的企业财务数据和非财务业务数据，并且寻找出数据之间的关联关系，为企业科学合理的财务决策提供支撑。因此，在大数据背景下，财务工作者需要应用相关性分析深入了解和认识社会经济现象，归纳、分析数据之间的联动特征，挖掘隐含在数据关联关系背后的巨大商业价值。同时，通过将各种类型的数据有机地融合起来，剖析其中蕴含的财务与业务关系，让数字开口说话，以降低人为调控、盈余操纵等舞弊行为，从而保证企业财务决策的科学性和严谨性。

五、大数据对评价反馈的影响

企业的业绩考核和信息披露是评价企业财务决策成功与否的重要途径，传统的财务管理模式中，人们主要是通过"四表一注"来评价和反馈企业经营状况，对非财务信息的反映不够充分，面对不同监管部门，不同报送主体的数据提供口径可能会出现不一致，从而削弱企业的公信力。如今在云计算的帮助下，利用大数据技术可以打通企业内部财务部门与非财务部门、企业与上下游企业等组织之间的边界，将海量的零散信息联结成信息网络，实现总公司和各级子公司、企业内部与外部的数据口径一致性，解决"信息孤岛"问题。在大数据背景下，财务工作者一方面需要提高信息披露质量，从而提升公众对企业的信心，获得更多的投资者支持；另一方面需要将非财务信息，诸如消费者忠诚度、重复购买率等指标纳入考核范围，更加公正地识别财务决策的效果，据此完善奖惩制度和激励措施，推动企业的良性发展。

六、建议

大数据技术给企业的数据搜集和分析决策工作带来了新的变化，传统财务分析模式存在数据采集单一、提供的财务分析结果单一且存在滞后性的缺陷。大数据信息云处理平台的构建使得企业对数据的处理水平上了一个新的台阶，具有实时处理、数据发掘建立关联模型准确预测、响应速度快等特点，这同时对财务工作者的基础素质、财务管理水平提出了更高的要求。财务工作者需要从企业自身情况出发，借助大数据技术构建完善的财务管理体系，来更好地面对激烈的市场竞争，抓住大数据背景下的发展机遇，在愈加严峻的国际形势下走得更好更远。笔者针对大数据背景下财务管理工作提出以下建议，希望能够为企业的财务管理决策工作提供借鉴和指导。

（一）转变思维方式

大数据背景下，采用会计电算化数据信息处理方法，将重心放在"核算、记录、存储"等方面已无法应对信息化发展的需要。财务工作者不仅需要关注企业内部，也要与企业外部利益相关者进行良好的沟通，关注企业所处的市场经济大环境。基于这种变革，财务人员更需要放眼全局，在企业财务决策过程中，不再关注问题之间的逻辑因果关系，而注重探寻各数据与各财务指标之间存在的各种相关联系；无须深究每一个数据的精确性，注重把握住总体特征和基本趋势，追求数据的及时性和利用率。通过全面考虑企业整体运营相关的财务数据与非财务数据，分析各个孤立的数据之间存在的关联联系，人们可以达到对企业的绩效考核、成本费用控制、风险管理、资源整合配置等各个流程全盘把控的目的，保证企业的高效运行。

（二）加强信息化建设

有效的分析决策往往需要建立在大量的数据挖掘、分析和处理的基础上，大数据对企业财务管理软件的标准提出了更高的要求。对于大部分企业来说，企业电算化只是从手工做账转变为电脑做账，真正基于财务数据及非财务数据进行分析应用的电算化平台却很少实际落地到企业日常生产经营活动中。不少企业的财务管理信息系统落后，甚至都没有配备基本的财务管理软件，或者配备的软件不能及时更新升级，影响企业的信息共享，导致企业的财务信息处理效率很低，影响企业的整体经营水平。因此，面对数据类型日益增多、数据结构方式日趋复杂的企业数据，在资金实力允许的情况下，建议企业研究开发适合自身的财会系统软件，建立大数据共享处理平台，以更低的成本和更有效率的方式搜集、存储、分析和处理不同结构和类型的数据并获取具有决策价值的相关信息，同时不断完善信息化决策机制，提升企业财务决策的准确性及运营效率。

（三）培养人才队伍

大数据技术需要具有专业数据处理能力的技术人才，目前，我国企业大部分数据分析处理技术水平较低，而计算机数据算法领域的专业人才往往不了解财务基础知识，财务管理中高水平的专业技术人才匮乏限制了企业数据技术的应用，使得财务管理的大数据分析应用技术无法充分发挥作用和顺利应用。因此，建议企业加大资金投入，聘请对大数据和财务领域了解透彻、运用能力强的专业人员加入本单位工作；同时指导并定期组织有这方面诉求的财务工作者学习相关大数据知识，让财务工作职能从过去的财务会计报表分析转变为高层次的预算管理、风险预测和数据分析，使财务工作人员具备一定的数理应用常识，能够从海量信息中提取高价值的内容并进行分析和预测，促进财务人员和企业在业务能力上的共赢发展。

第四节　大数据背景下企业财务的信息管理

　　现代移动互联网及科学技术的进步，促进了大数据信息技术的发展，在信息时代背景下，企业之间的竞争体现为核心技术及人力资本的竞争。财务信息管理是企业优化内部财务管理的过程。现代企业必须结合大数据背景下的要求，不断优化信息技术手段，建设完善的财务信息管理体系，优化并创新内部财务信息管理方法及模式，全面提高内部财务数据的客观性与真实性。企业内部财务人员要树立科学的管理理念，加强自身信息素养建设，采用现代化技术手段，提高内部财务信息管理的科学性。

　　在新的时代背景下，传统的财务电算化管理信息系统已经无法满足现代企业的发展需求。"大数据"自被提出至今，逐步在人们的日常生活中扮演着重要的角色，大数据分析工具，为企业提供了准确的数据信息，为企业管理层进行科学决策奠定了基础，优化了企业内部管理模式。现代企业管理优化追求企业内部控制机制的建设与完善，现代企业注重财务信息的整合，以实现其追求经济利益的发展目标。现代企业管理信息化平台建设在提高财务管理整体水平等方面具有重要的意义，可以实现企业内部资金的优化配置。大数据背景下的企业财务管理与传统的管理模式存在显著的差异，先进的信息技术手段及管理工具应用促进了企业财务信息化管理体系的建设，为企业的可持续发展提供了保障。企业财务信息是企业经营发展的主要依据，需要企业财务管理部门加强重视。在现代化管理模式下，企业财务信息管理急需创新管理模式，以适应大数据背景下的发展需求，推进企业财务信息管理现代化建设，为企业的可持续发展奠定基础。

一、企业财务信息管理概述

（一）企业财务信息管理的内涵

　　企业的财务管理部门收集、加工、报告信息的各种活动称为企业财务信息管理，在经济全球化及信息化的时代背景下，企业可以借助现代化的信息管理技术及手段，将现代科学技术应用于财务管理的各个环节。简单而言，企业借助现代计算机网络系统及技术，提高财务管理的效率与质量，提高财务信息收集、加工处理的过程便是财务信息管理。

　　完善的制度体系是管理实践得以顺利实施的前提与基础，企业财务信息管理首先要建设完善的制度保证体系，建设完善的财务报送体系，对企业运营中的各项财务指标、信息报送期限及指标统计时间等进行详细的说明。企业财务信息管理要设计完善的财务信息指标汇总表，实现传统财务会计向现代化管理会计的转变。大数据背景下的企业财务信息管理要注重信息环境的建设，加强企业内部局域网建设，采用现代化的办公软件。企业要加强内部制度体系建设及人力资源管理体系建设，提高内部管理控制的能力及水平。

（二）企业财务信息管理的功能

首先，其具有价值管理的功能，企业财务信息管理明确了内部管理对企业价值的驱动作用，明确了实施管理的最终目标，通过标准化的管理理念及管理模式为企业发展创造各种价值。同时，企业财务信息管理具有实现内部治理的功能，借助不完全契约管理的实践及代理问题管理实践活动，人们可以帮助企业优化内外部管理，在提高现代企业财务管理的整体水平等方面具有重要的意义，可以实现企业内部资金的优化配置。

二、大数据背景下企业财务信息管理的措施

（一）管理层要树立科学的认识

企业要借助一定的信息技术手段及工具，实现企业内部财务数据的整合、企业内部业务的优化及内部员工管理的有机结合，提高内部决策的科学性，促进企业的科学化发展。企业要加强高层管理者对信息化建设的认识及学习，帮助管理层树立科学的认识，引导其逐步了解信息化建设的重要意义及主要方法。新的财务管理模式及理念要求内部管理人员及基层员工具有较强的工作能力。因此，财务信息化建设可以有效地促使高层管理者及基层员工提高自身综合素质，提高业务能力及水平，为企业未来的可持续发展奠定基础。

（二）注重财务信息管理人才的培养

在新的时代背景下，大数据技术将企业的研发、生产、销售、财务等板块有效结合了起来，对企业而言，财务信息管理人才是其生产与发展的第一要素。大数据背景下的企业财务信息管理要注重财务信息管理技术人才的培养，企业要促进内部各部门之间的均衡发展，采用内部提拔及外部招聘的方式，优化财务管理人才结构，重点培养具有较高信息素养的财务信息管理人才。公司要加强内部财务信息管理人才的培训与管理工作，强化相关人才信息化管理知识的学习，增强财务信息管理人才的技术能力及知识储备。公司内部要建设完善的交流沟通机制，通过内部财务人员的交流，实现内部经验的共享，促进整体工作人员素质的提升，同时为财务信息管理人员工作的开展营造良好的氛围。

企业要提高内部财务信息管理人员的综合业务能力及水平，内部财务管理工作人

员要积极向同行学习，在交流与借鉴的过程中提高自身的综合素质及业务能力，企业要建设完善的财务部门员工培训机制，定期组织员工进行学习，将员工考核与绩效挂钩。企业内部新老员工之间要积极合作。在大数据背景下，数据信息的量化要求相关工作人员的综合素质要有相应的提高，这就要求各部门之间要相互合作，提高工作质量及效率。

（三）建设完善的财务信息管理体系

企业要建设完善的企业财务信息管理系统，以高效地整合、分析并输出企业内部信息，同时，企业要制定财务信息管理监督机制，企业要集中采用行业统一的财务信息处理软件，提高财务信息管理人员的信息处理及整合能力。大数据背景下，企业财务信息管理要借助现代化的信息技术手段，充分挖掘并利用财务信息，为企业的科学决策提供基础。

随着时代的进步，现代企业财务管理要改变传统的管理模式及思维，企业要通过建设财务信息网络化管理平台，利用先进的技术软件及硬件设备，为企业内部财务管理工作的科学化开展奠定基础，提高财务数据的真实性，提高企业内部控制的总体水平。企业要利用现代网络防护技术、电子加密技术及信息隔离技术，提高财务信息管理的安全性，为管理层科学决策提供数据及信息依据，提高企业战略目标的实效性，为实现可持续发展战略目标奠定基础。企业财务信息管理同时要注重成本管理，通过节约人力资源成本及管理费用，通过内外部信息的共享，降低信息收集的人工成本，提高内部财务信息管理的科学性。

（四）注重财务信息管理模式的创新

财务信息是企业决策的重要依据，具有一定的反馈机制及预测价值，传统的企业财务信息管理方式主要是在企业具体业务活动发生以后，相关人员经过会计成本核算及财务管理加工而得到相关的信息。大数据背景下，现代企业的财务信息管理方式主要是实施统一化的管理，将企业信息获取的渠道逐步拓展，在现代化的企业管理运行模式下，企业的财务信息生成效率更高，财务信息在企业财务预警及预算控制等方面的作用显著，实现了企业内部财务控制及防范。在知识经济背景下，人力资本及科学技术是企业发展的主要动力，信息在预测行业发展及企业未来发展趋势等方面具有显著的作用。大数据背景下的企业财务信息管理要摆脱传统成本管理理念的限制，采取多样化的管理模式及手段，以图表、文字，定性与定量相结合等方式，优化企业的财务报告信息。企业财务信息管理创新还要注重信息表达方式的创新，采取人性化的信息表达方式，为企业发展提供简便的财务信息数据。

第五节　大数据背景下企业财务的精细化管理

在现代信息技术快速发展的背景下，人们已经进入大数据时代。大数据对企业的财务管理提出了更高的要求，促使企业朝着数字化、信息化的方向发展。将精细化的管理策略合理地应用到企业的财务管理中，明确财务管理的核心内容等措施，有利于推动现代企业朝着可持续性的方向发展。本节通过具体论述大数据背景下企业财务精细化管理的策略，为提升企业的财务管理水平提供了可参考的资料。

在企业不断发展的过程中，以往所采取的财务管理方法已经无法满足现代市场经济的细分要求，因此这要求企业必须改变以往所采取的粗犷式管理方法，合理地将精细化管理策略应用到企业的发展过程中。其中，大数据能够从企业海量的财务信息中整合出有价值的信息，从而为企业的管理层制定决策提供更多的信息数据，有效增强企业的竞争力，促进企业更加稳定健康地发展。

一、树立精细化管理思想，正确认识财务管理的重要性

在现代市场经济快速发展的背景下，整个市场的竞争不断加剧，企业之间的竞争越来越激烈，所以各个企业为了能够在竞争激烈的市场环境中占据优势地位，需要充分认识到财务管理的重要性，树立精细化的财务管理思想。由于我国的财务管理理念实施的时间较晚，因此大部分企业的管理层片面地认为财务管理就是传统的记账，尚未将其与企业的发展管理联系起来，让部分企业在财务管理方面存在严重的片面性。这样难以将财务管理的效能充分发挥出来，不利于企业的稳定发展。在现代大数据背景下，企业必须及时更新财务管理概念，将精细化管理思想合理地融入企业的财务管理中，提出与企业发展相符合的财务管理方式，逐步将以往的传统记账式管理转变为全过程动态管理，切实增强企业财务管理的效能，以便为企业在市场中稳步发展提供可参考的资料。

二、建立完善的财务管理制度，保障精细化管理思想落到实处

在大数据背景下，为了保证企业财务精细化管理的水平，需要制定完善的财务管理制度，保障精细化管理理念落到实处。其中，建立完善的财务管理制度应主要包括下列几个方面：一是需要严格把控企业发展过程中各项费用的支出制度，积极做好各项费用的支出预算计划，每一项经费支出的时候都必须根据企业所提出的财务预算申报要求，逐级向上级报告，明确要求管理层进行严格审批。二是构建大额费用审批制度。

企业在发展过程中所支出的每一笔大额费用都必须在费用预算范围之内，并事先就费用支出情况进行立项申报。规范特殊事项的开展流程，待经过企业管理层的集体批准之后再支出相关的使用经费。三是建立完善的财务内部审计制度。企业在发展过程中各个事项的财务管理情况都需要由内部进行申请，甚至还可以聘请第三方来进行审计监督，一旦发现违规，甚至不合理的事项，需要及时进行惩处和纠正。四是构建全面的责任归属和问责制度。在企业发展过程中，一旦发现违规低效项目，就应该对直接责任人进行问责，而且需要对相关的管理工作者进行一并问责，采取自上而下的形式，有效提升企业财务管理的水平，最大限度地降低企业在发展过程中出现的违规事件。

企业财务管理制度，除了上述几个方面的内容，还需要对企业在发展过程中的网络环境进行评测，规范企业内部各个职能部门管理系统的信息搜集、信息整理行为，合理地将企业的财务管理数据信息与业务数据信息统筹整合起来，并对财务数据处理进行优化，逐步将繁杂的财务信息转变为精简的企业发展战略决策。实施完善的财务管理制度，能够有效降低企业在不断发展的过程中各个职能部门发生违规事项的情况，强化企业内部资金管理效率，从而推动现代企业更加快速地向前发展。

三、加强企业财务精细化管理人才队伍建设，提升财务管理人员水平

作为维系社会发展的核心力量，企业的财务管理精细化亦需基于专业人才的支撑，方能达成理想的工作成效。对此，为切实维护企业财务管理工作的有序开展，必然要对人才的培养及引进给予高度重视。而财务人员本身亦应具备良好的学习意识，继而在实际工作过程中通过不断的学习来充实自身，这样方能对精细化管理的理念及原则有一个较为全面且深刻的认知，继而方能为企业财务的精细化管理提供有力支撑。当然，企业亦需对财务管理工作的开展给予高度重视。为提高企业财务管理工作开展的有效性，关键仍是要加大此方面的学习。企业可专门邀请此方面的专家到企业进行巡视，并开展诸如座谈、演讲一类的活动，来切实深化企业财务管理人员的精细化管理意识，这样方能在促进企业的财务管理逐步往精细化的方向发展的同时切实维护企业的发展稳定与和谐。

总之，当代企业实施精细化管理已然成为时代发展的必然需求。同时，对精细化管理思想在企业中的运用，也不应局限于财务部门，其他各部门也应对此加以合理的应用，如此方能切实促进企业整体的有效发展。

第六节 大数据背景下集团企业的财务管理

在经济快速发展的当下，大数据分析已经是日常工作中不可避免的内容。我国已经步入大数据背景下，而企业的财务管理工作也逐渐被大数据影响，导致企业及其财务管理工作正面临前所未有的挑战。为了适应社会的发展，满足自身的可持续发展，企业财务管理工作必须熟练掌握并合理利用大数据背景下的数据分析平台。通过这种方式，企业对企业财务管理工作不断调整、升级和转变，从而使财务管理工作理念逐渐适应大数据背景下的发展要求。企业的不断发展，离不开大数据分析的支持。因此，企业财务管理在大数据背景下的发展，离不开企业的支持。企业如果想实现可持续发展，就应不断支持财务管理工作顺应大数据背景下的发展。

一、大数据背景下集团企业加强财务管理的意义

现如今，我们的生活与工作已经离不开互联网，互联网已经成为我们工作和生活中不可或缺的东西。随着时代发展以及大数据时代的来临，企业及其财务管理工作，面临着巨大的挑战，企业财务管理须在发展过程中不断适应大数据时代，合理利用大数据背景下的数据分析，为企业发展提供有效依据，促使企业制订出合理有效的发展战略。但是，企业财务管理在不断适应大数据时代，合理利用大数据背景下的数据分析时，仍然存在很多问题需要企业解决。因此，企业需要更好地促进财务管理在大数据背景下的转变，使企业顺应大数据背景下的发展，同时实现财务管理工作在线处理和远程处理的紧密结合，促使财务工作中的结算效率得到有效提高，促使企业能够有效节约资源，降低财务管理成本。

二、大数据背景下集团企业财务管理中存在的问题

在大数据背景下，企业财务管理工作在转变的过程当中会遇到很多问题。其中，较为明显的问题包括企业管理者对财务信息化的建设认识不到位，在进行财务信息化建设时财务数据的安全性得不到保障，公司现有财务人员满足不了财务管理发展的需要，能力不足、数据分析在财务管理工作中受到限制，无法得到有效应用等。

（一）企业管理者对财务信息化的建设认识不足甚至匮乏

大数据背景下，各大企业都对财务进行了信息化建设，虽然在工作中有所改善。但是，企业管理者对财务信息化建设的认识和重视程度各有不同，从而导致财务信息化在建设过程中受到阻碍，无法真正实现其功能与价值。企业管理者对财务信息化建

设的认识不足甚至匮乏，严重阻碍财务信息化在企业的发展，更不可能实现企业想要通过建设财务信息化所想要达到的效果。因此，大多数企业管理者忽视财务信息化建设工作，没有大力支持财务信息化建设工作等行为导致财务信息化建设工作得不到重视，从而使企业不能在财务信息化建设过程中取得有效信息，无法通过信息，进行分析，制定更加符合企业发展的战略方针。

（二）企业财务数据信息安全问题

随着我国经济的快速发展，我国财务信息化建设也在不断地发展，如何保障财务信息化数据等的安全成为每一个企业需要面临的重要问题。企业在财务信息化建设初期，财务信息化运用时间较短，企业在财务信息化建设方面的专业人员也不多，很多内容在建设初期没有办法做到全面设置，因此，企业在网络数据安全隐患的防控上还存在不足，无法保障网络数据安全。例如，一个企业的财务信息管理系统被病毒感染或被黑客入侵，结果肯定是财务信息系统的全部瘫痪。更为严重的是，如果黑客盗取公司财务信息，那将给企业带来非常严重的风险及隐患。因此，财务信息化建设过程中的安全性是一个必须受到领导重视，且需要尽快解决的重要问题。

（三）企业财务管理人才匮乏，能力不足

企业需要不断适应市场的发展变化，从而保证企业的可持续发展。在大数据背景下，企业财务信息化建设已经是不可避免的趋势，在建设财务信息化的过程中，企业财务管理人才匮乏，现有财务人员能力不足，无法满足财务信息化建设的需求等现状，会导致财务信息化建设无法有效进行，进而影响企业获取财务信息的速度以及准确性，使企业无法通过财务所提供的数据进行企业发展的有效分析及战略调整。现有财务人员的能力不足，导致对财务信息化建设的认识有局限性，加上操作财务信息系统的水平不高，使得财务信息化建设无法顺利开展。

（四）数据分析在财务管理工作当中的应用受到限制

财务信息化的建设会使财务人员改变现有工作方式，其结算方式、记账方式、数据整理分析方式都与原有工作方式不同，原有的数据分析方式较为单一，而财务信息化建设对数据分析方式有了更多统计方式及分析方法，与原有数据分析方式相比，有着多元化、真实性、准确性、可进行大量数据运转等特点。但是，财务人员已经习惯原有的数据统计分析方式，这使得财务信息管理系统中的数据分析得不到有效应用。财务人员能力水平受限，也使财务信息系统中的数据分析模块无法得到充分应用，使其数据分析只是进行简单的数据统计，无法充分发挥数据分析的作用，从而导致数据分析在财务管理工作中的应用受到限制。

三、大数据背景下集团企业加强财务管理的对策

为了更好地适应大数据时代，促进企业的可持续发展，在企业财务管理工作转变的过程中，我们要积极发现问题、解决问题。针对上述问题，我们可以通过提高企业管理者对财务信息化建设的认知、加强对网络信息平台的管理，保障数据安全、不断提升财务人员能力水平同时引进高素质人才满足企业财务管理的发展需求、加大数据分析在财务管理工作中的应用等方式进行解决。这样做可以使财务管理工作尽快完成转变，为企业发展提供有效依据。

（一）提高企业管理者对财务信息化建设的认知

财务管理能否顺利转变、财务信息化建设是否顺利开展都取决于企业管理者对其的认知程度，企业管理者只有不断提高对企业财务信息化建设的认知，不断加强搭建力度，大力支持财务信息化的建设，才能使财务信息化建设得以顺利开展。企业管理人员应通过自身改变让员工意识到财务信息化建设的重要性，促使员工全身心地投入财务信息化系统的建设当中去。使其重要性深入人心，从而能够得到进一步发展。只有管理者与企业员工对财务信息化建设的认知保持一致，他们才会为了实现企业财务信息化建设而共同努力奋斗。

（二）建立网络信息管理平台，保障数据安全

财务部门是企业中与各部门连接较为密切的部门，尤其是企业的业务部门。企业应建立网络信息管理平台，从而使财务部门与各部门之间的联系更为密切，使财务与业务能够有效结合，使数据分析更为准确。搭建网络信息管理平台，使企业内部工作方式及管理方式进行调整，重新进行工作流程的改变，可以使每一环节在流转的过程中实现统一化，可以使企业通过网络信息管理平台进行统一的信息管理与流转。在进行网络信息管理平台搭建的过程中，企业应通过专业手段加强网络安全管理，使财务部门及公司各部门的数据在更新上传的过程中得到有效保护，且定期进行安全防护的更新，使公司财务数据能够得到实时保护，避免数据丢失、盗取。企业还可以引进专业的网络管理人员，对网络管理平台及网络安全进行实时监控，有效保障公司网络管理平台正常运行及公司财务数据完整不丢失。网络管理人员还需要实时掌握动态，不断更新网络管理平台，使管理平台能够满足企业发展的需要，简化烦琐环节，调整工作方式，提高工作效率。

（三）提高财务管理人员能力，引进专业人才

财务信息化建设对企业来说是企业在发展过程中需要经历的改变，同时对原有财务人员来说更是一种冲击，如果不能适应财务由原有方式向财务信息化的转变，那只能被企业淘汰。

这一问题的产生，使得企业不得不从两个方面来解决此问题。第一，企业应对现有财务人员进行培训，通过对现有财务人员进行培训，使现有财务人员的工作水平及工作能力得到有效提升，使其适应财务信息化的发展。必要时，企业可针对现有财务人员组织脱产培训，使财务人员能够系统地学习、了解、操作财务信息系统，使其满足财务信息化建设的需求。同时，原有财务人员也要不断提高自身技能，满足企业发展需要。对现有财务人员的能力不足，企业应聘请专业机构对他们进行有针对性的指导与培训，让财务人员明确自身不足，不断提高自身工作技能与水平。第二，企业可以引进专业的财务管理人员，从而满足财务信息化建设的需要。引进专业的财务人员不仅可以使财务信息化建设快速进行，还可以使原有财务人员认识到自身不足，不断提升自身能力，满足企业发展的需要。引进专业财务人员的途径有很多，企业可以通过校企合作、猎头推荐等招聘途径快速引进专业人才。因此，企业想要更好地开展财务信息化建设，不仅要引进专业人才满足人员上的需求，还要不断推进培训工作，提高现有财务人员的能力 水平。

（四）加强大数据背景下数据分析在财务管理工作当中的应用

现如今，数据分析已经是每一个公司制定战略方针所不可缺少的内容，它能够为企业在制定战略方针的过程中提供准确的信息。所谓大数据存在有价值、有真实性、多元化和高速运转大量数据的特点，只有全新的处理模式才能使大数据进行高速运转。原有的数据统计分析是通过大量表格进行处理的，设置大量公式以获取相关数据。这样一来就会耗费大量时间进行表格及公式的处理，而且只有通过不断的数据测试才能保证公式设置准确无误。而大数据信息处理技术对于财务数据的处理，只需要特征相同即可，大数据信息处理技术就对其进行挖掘，选择有效的数据资源。虽然大数据分析能够解决很多传统数据统计分析方式的不足，但不代表原有数据统计分析方式就可以被完全取缔，就是无用的。财务人员在进行数据统计分析的过程中可以将原有方式与大数据背景下的数据分析进行有机结合，从而更好地为企业发展提供有效信息。

以上内容对大数据背景下集团企业发展过程中财务管理所存在问题进行了分析并提出了相应解决方案。建立财务信息化系统是每个企业顺应大数据背景下发展的必然趋势，因此，企业管理者必须认识到财务信息化建设的重要性，并使全体员工都能有此意识，这样才能更好地开展财务信息化建设工作。在建设财务信息化的过程中，企业要注意网络管理平台的搭建以及网络安全的管理与维护。财务数据是一个企业的核心，因此要注意网络安全，保护数据不丢失、不被窃取。财务信息化的建设离不开专业人员的支持，为了财务信息化建设能够有效运行，必须提升现有财务人员的能力水平以及引进专业的财务人员，从而满足财务信息化建设对人员的需求。财务信息化在建设的过程中也要加强数据分析在财务管理工作中的应用，通过与原有财务数据统计分析方法的结合，使财务部门所提供的数据更具准确性、及时性，为企业发展提供有效依据。

第七节 大数据背景下小微企业的财务管理

随着信息技术的不断发展，云计算和物联网技术被应用到各行各业中，市场竞争也越来越激烈。在大数据背景下，我国小微企业遇到了新的发展机遇，但也面临着诸多挑战。传统的企业财务管理模式已经不能适应大数据背景下的要求，如何利用先进的大数据技术促进小微企业财务管理模式的创新与发展，使小微企业在激烈的市场竞争中处于优势地位，已成为一个共同关注问题。

大数据即大量的数据资料，指的是运用计算机网络产生的海量的、混杂的、结构复杂的数据，而这些数据资料无法运用当前的软件进行整理，其处理与应用以云计算为基础，并通过数据相关关系分析法来最终实现对事物的预测和价值服务。

大数据背景下，数据的计算单位最低从 P（一千 T）开始，还有 EB、ZB，并且还在快速增长。相关资料表明，2012 年，全球产生的数据总量约为 2.7 ~ 3.5 ZB，到 2020 年，全球数据总量超过 44 ZB，这个数据量是 2012 年的 12 倍，中国的数据量将达到 8 060 EB，是全球数据总量的 18%。由此可知，全球的数据量每年的增长速度极快，未来的增长速度将更快，数据量将会越来越大。

大数据的来源不仅仅局限于传统的关系型数据库，还有社交网络、在线交易、通话记录、传感设备、社交媒体论坛、搜索引擎等。格式类型也多种多样，包含文字、音频、图片、视频等，数据在这些多样的格式上进行转换、保存、记录、运用，多样的格式也导致数据有不同的结构。

大数据的信息量大，类型多样，但是在这些数据中，价值高的信息较少，即价值密度低。这对于大数据技术来说也是一个挑战，需要从庞大的数据网中深入挖掘和提炼，并对它们进行处理才能有效利用。

一、小微企业财务管理存在的问题及原因

在大数据背景下，我国小微企业在财务管理方面存在意识薄弱、投入不足、水平不高等问题，使得小微企业在激烈的市场竞争中面临诸多困难。按下来，笔者将针对小微企业财务管理存在的问题进行分析，并提出解决对策。

（一）外部环境

小微企业经营规模小，资金不足，但随着企业的不断发展，必须要扩大生产规模，

这就需要更多的资金支持。而企业的经营规模达不到银行等融资机构的融资要求，很难筹到资金。同时，小微企业还存在信用度低的现象，在经营中不重视企业信用等级，只关注企业的生产。银行向企业贷款的主要目的是盈利，而小微企业的固定资产抵押较少，资金的流动性大，因此银行特别慎重。

（二）内部管理存在的问题

1. 企业财务管理意识薄弱

目前，很多企业还采用传统的管理模式，在内部没有制定合理的管理标准，导致信息使用者对财务信息化管理认识不清晰，对大数据背景下的财务管理理念不熟悉，不能很好地适应大数据背景下的财务管理技术，缺乏运用大数据信息化手段分析处理企业数据的意识，使小微企业不能紧跟时代步伐快速发展。在实践活动中，有的小微企业管理意识薄弱，管理能力差，对企业的资产评估不准确，从而导致成本增加，利润不足，影响企业的正常发展。因此，企业的财务管理意识反作用于企业的财务经济发展。

2. 财务管理水平层次低，共享性差

由于小微企业自身规模较小，薪资和发展空间都不能满足专业财务人员的需求，因此人们在择业时很少会选择小微企业，导致小微企业缺少专业财务人员。现有财务人员的基本操作能力、业务技能、政治素质达不到企业的要求，而且小微企业还存在信息共享性差的问题，即财务部门与其他部门互相分离，各部门之间信息封闭，结果导致企业财务管理效率极低。

3. 财务管理风险意识低

计算机网络技术的发展，给企业经营活动提供了很大的便利，但也使企业的经营和发展面临着挑战和风险，包括投资风险、筹资风险、资金运营风险、利益分配风险。在大数据背景下，对企业财务数据信息的处理分析能力和风险控制能力的要求越来越高，而小微企业的风险意识较低，未实现企业内外部信息共享。如果企业内部信息与外部信息不一致，将面临严重的资金运营风险。

二、大数据对小微企业财务管理的影响

大数据技术是企业财务管理方面的先导技术，能推动企业进行改革创新，特别是对企业财务管理方面有重要影响。大数据技术更新了企业管理者的管理理念，提升了企业的财务管理能力，推动企业由传统的财务管理模式向大数据迈进。

（一）大数据将提高财务数据处理的效率

与传统的财务处理模式相比，大数据技术提高了财务数据处理的效率，在处理数据的过程中节约了人力、物力、财力，并且结果更为准确。同时，大数据技术为企业

财务管理信息提供了一个海量的管理平台，将数据储存在结构完整的管理库中，可以提高财务数据的处理效率，降低企业的总体成本，也使企业实现财务数据信息管理，为企业决策提供坚实的基础。

（二）为企业的风险管理及内部控制提供平台

企业在进行内部控制时，运用大数据处理系统可以对内部进行精确的管控，为企业获取全面、精准、有价值的信息提供有力保障；同时也可以帮助企业对风险进行深度分析，有效规避风险。

风险管理是企业内部控制的安全保障。企业应加强风险管理控制体系的建设，通过大数据处理系统，企业可以对各项财务信息进行有效监控，在一定程度上降低风险发生率，达到规避风险的目的。大数据技术可以帮助企业进行科学管理，降低各项成本，为企业决策提供准确的信息依据。

（三）高效实现全面预算管理

大数据技术的盛行，推动了企业建立全面、系统的预算管理平台，能有效解决财务预算管理过程中存在的问题。通过预算管理平台，企业能获得大量有价值的财务信息，运用大数据技术建立财务预算管理系统，能快速、高效地获取真实可靠的财务数据，利用这些数据处理、分析、预测企业未来的资金流向，及时有效地对下期预算编制进行调节与控制，确立符合实际情况的运营计划和目标，高效地实现全面预算。

三、大数据背景下小微企业财务管理的对策

（一）增强企业自身的财务管理意识

企业一定要增强自身的财务管理意识。如果不能及时掌握最新的财务信息，将会给企业带来巨大的损失。

1. 建立健全财务管理机构

企业应该设立单独的财务管理机构。在大数据背景下，财务数据信息量大、种类多，经济业务和财政收支繁杂，需要有专门的人员进行处理，从而使信息发挥更大的作用。

2. 加强人员管理及培养

在大数据背景下，人才建设在企业创新中发挥着重要作用。因此，企业要加强财务人员管理创新，改变传统落后的财务管理观念，重视财务专业技能和综合素养，还要提升财务管理水平。这就要求财务管理人员不仅具备财务组织能力，还需具备分析能力、洞察能力、信息化处理等能力。

3. 加强内部考核制度

企业应该完善内部考核制度与奖励制度。建立考核制度，对财务人员的专业水平进行考核，对优秀的人员进行奖励表彰，这样将有利于调动财务人员的工作积极性。

（二）创新财务管理模式

财务管理作为企业最核心的内容，其管理模式和管理水平在很大程度上会直接影响企业的发展。企业必须不断调整管理机制，创新管理模式，但也要充分考虑企业内部管理体制和财务管理机制的协调性。

1. 建立完善的财务管理信息化制度

部门负责人要清楚认识到大数据在财务管理信息化工作中的重要性，并重视与其他部门的配合，要认真落实好财务信息化建设工作。各个部门要严格以财务管理信息化为中心建设结构体系，对硬件、软件进行设计，建立一个完善的体系。

2. 建立监督机制

大数据改变了企业的发展模式，这就要求企业适应时代的发展，深入开展财务管理工作。要加强内审机构的监督检查力度，建立健全内部控制制度和检查制度，还可以聘请一些专业的会计人员和审计人员找出财务管理过程中出现的问题，以便更好地发挥企业内部控制制度的作用。

3. 建立风险控制体系

在财务管理中，风险管理是关键。大数据时代的到来，使各种数据资源种类多、来源广、结构复杂，财务风险也有所增加。因此，需要从以下方面重新构建财务风险体系：①详细了解财务管理的概念与结构。②确定一个财务风险控制的目标并进行重建。③根据外部经济环境来平衡投资风险。

企业应进一步提升财务管理质量，提高财务管理效率，提升企业管理的整体水平，形成一套规范、高效的财务管理系统，以适应大数据背景下的发展要求，为国民经济的发展壮大做出应有的贡献。

第三章 大数据背景下的财务管理理念

第一节 平衡计分卡

平衡计分卡是 20 世纪 90 年代由哈佛大学商学院教授罗伯特·开普兰和大卫·诺顿根据"通用电气的绩效评估报告"以及 20 世纪上半叶在法国流行的"仪表盘评估法"设计制定出来的。他们认为，过去的方法过分注重财务指标，而忽视其他方面，如用户体验、上下游企业关系、企业潜力等，然而，这些对企业的表现和长远发展却有着至关重要的影响，往往是这些因素影响了企业的表现。他们之所以将这种方法称为"平衡计分卡"，是因为这种方法将非财务评价指标加入传统的评价体系中，构造了一个更加"平衡"的评价体系。它代表了国际上最前沿的管理思想，集测评、管理与交流功能于一体。

一、平衡计分卡的四个层面

平衡计分卡是一个综合考虑财务因素和非财务因素的业绩评价系统。与其他方法相比，它更强调非财务指标的重要性。平衡计分卡通过四个层面解释企业组织的行为，它们分别是学习成长层面、商业过程层面、客户层面、财务层面；通过"战略地图"来描绘组织如何创造价值。接下来，笔者将对每个层面及"战略地图"做详细解释。

（一）学习成长层面

这个层面包括员工培训和企业文化的自我成长。在一个主要以知识型员工构成的组织中，员工是最主要的资源，尤其是面对近年来快速发展的科技浪潮，让员工能保持持续学习不仅对员工个人的发展至关重要，更对企业的发展举足轻重。开普兰和诺顿强调的是"学习"，而不是"培训"，是营造一种主观能动的氛围，而不是流于形式的企业活动。平衡计分卡强调对未来进行投资的重要性，要求企业必须对员工、信息系统及组织程序进行大量投资。

（二）商业过程层面

这个层面考量的是一个组织内部运行是否高效，一个企业的商业过程是否达到高效满足客户的要求，是否达到每个商业过程都增加价值的目的。平衡计分卡下的业务流程遵循"调研和寻找市场—产品设计开发—生产制造—销售与售后服务"的轨迹展开。其中，信息管理系统的应用在帮助管理者将总体目标分解到基层的过程中扮演了极为重要的角色。

（三）客户层面

近年来的管理哲学越来越多地认识到客户满意度在各行业中的重要性，因为满意度最终会决定客户的去留。在此层面的分析中，客户特点和产品线的配对研究至关重要。平衡计分卡在评价客户满意度方面发挥着重要作用。

（四）财务层面

开普兰和诺顿并未否认准确及时地提供财务数据的重要性，但他们更加强调财务数据的采集与分析的集中化和自动化，也就是说，他们更看重企业能否更好地整合财务数据、利用财务数据，而不是让企业被财务指标左右从而丢失了长期竞争力。同时，在平衡计分卡中，对财务层面的考量加入了风险测评、成本绩效考核数据等。

平衡计分卡是针对企业战略愿景的四个级别的分析和评估，它代表着世界上最先进的管理思想，并集成了评估、管理和沟通的功能。平衡计分卡使用大量领先和滞后指标来评估企业是否正在实现其战略目标。将战略置于中心的平衡计分卡是一种战略管理系统，而不仅仅是企业绩效评估系统。平衡计分卡可以提供许多非财务指标，可以反映财务指标变化的根本原因。它更注重促进企业未来的利润，而不是过去的利润统计。

二、平衡计分卡方法的分析步骤

平衡计分卡方法的分析步骤如下：

（一）定义研究评价对象的战略

平衡计分卡能反映战略，其四个方面均与企业的战略密切相关。这一步骤是设计一个好的平衡计分卡并进行综合分析的基础。

（二）针对战略目标取得一致意见

由于各种原因，管理团队可能对目标有不同的意见，但无论如何，必须就企业的长期目标达成一致。平衡计分卡每个方面的目标数量都应控制在合理范围内，并应评估影响组织成功的关键因素。

（三）选择和设计分析测评指标

目标一旦定下，就要判断这些目标能否达到。指标必须准确反映每个具体目标。平衡计分卡中的每个指标都是表达组织战略的因果链的一部分。在指标设计中，使用太多指标是不合适的。对于一般平衡计分卡的每个方面，三个或四个指标就足够了。这也体现了财务报告综合分析指标设计的简明原则和有效性原则。

（四）制订实施计划

各级管理人员必须参与评估。平衡计分卡指标应与企业的数据库和管理信息系统相关联，并应用于整个组织。

（五）监测和反馈

平衡计分卡定期向最高经理报告。当评估设定一段时间并且认为已达到目标时，企业需要设置新目标或为原始目标设置新目标。平衡计分卡应用于战略规划、目标设定和资源分配的过程。它需要持续的监控和反馈，以使财务分析报告动态化，帮助企业适应竞争。

第二节　阿米巴经营

阿米巴商业模式是稻盛和夫提出的原始管理模式。阿米巴也称变形虫，是一种具有细胞分裂、繁殖、灵活性和变异性的单细胞动物。在经营过程中，阿米巴被视为核算单位，并扩展到企业中最小的基层组织，即最小的业务单位，可以是部门、生产线、团队，甚至是某位员工。阿米巴业务是指通过小集体的独立核算实现全员参与的业务管理模式，汇集所有员工的力量。

阿米巴业务管理的实施是将整个公司划分为许多名为阿米巴的小型组织。每个小型组织都是独立的利润中心，并进行独立的核算和管理。阿米巴经营单元可以根据内外环境进行快速的分裂、合并、成长。

一、阿米巴经营哲学

经营哲学指导经营实践，也是对经营实践的提炼和升华。在阿米巴经营中，其经营哲学不仅成功地引领企业走向成功，也是阿米巴经营的核心。

企业是个生命体，阿米巴作为一个小的经营单元需要有一个统一的"思想"。虽然每个阿米巴经营单元进行自主决策经营，但每个阿米巴的根本目标是一致的。稻盛和夫从"作为人，何谓正确"这个最基本命题出发，结合中国儒家思想，用"敬天爱人"这一最朴实的语言设计日本京瓷公司经营哲学。"敬天"就是按事物的本性做事。这里的"天"是指客观规律，也就是事物的本性。他坚持以正确的方式和正确的程序执行正确的事情，并根据他的本性做事。

所谓"爱人"就是按照人性行事。"爱人"是"利他主义"，"利他主义"是生活的基本出发点，利他主义是自利的。对于企业来说，"利他管理"是指客户管理。一般而言，客户包括顾客、员工、社会和利益相关者。只要它们为客户创造价值，企业就可以从中分享价值。

因此，阿米巴经营哲学一方面起到引导作用，能够成功引领企业；另一方面也可以规范企业的经营行为，避免企业在经营过程中做出违背经营哲学的事情。

二、阿米巴经营的五大目的

阿米巴商业模式的独特魅力在于它与一般管理模式不同。具体而言，它实现了五个目标。

（一）在企业中实现全员参与经营

在阿米巴经营模式中，根据工作内容进行分配，每一个"阿米巴"都是独立核算的经营单元。阿米巴小组负责人（以下简称经营长）就像经营自己的小工厂一样，对所有事务负全部责任。在这种充分授权和内外竞争的机制下，每个人都能充分发挥他们的主观能动性。

（二）以核算作为衡量员工贡献的重要指标，培养员工的数字意识

阿米巴以简单易懂的单位时间增值核算方式运作。只要简单地将阿米巴单位的收入减去支出，然后除以总劳动时间，就可以计算单位时间的附加值。

（三）实行高度透明的经营

根据阿米巴商业模式的要求，企业的业务数据必须准确，并及时反馈给每位员工，以便运营商在第一时间获得准确的业务数据。一般而言，经营者可以在业务活动发生后 24 小时内获取业务数据。

（四）自上而下和自下而上的整合

这种整合的前提是在企业上下拥有共享的价值观与目标。通过会议，企业不断地给员工灌输企业价值观，让每位员工从经营中体会到快乐，使所有员工都拥有共同的企业价值观。

（五）培养经营长

由于公司被划分为一个个"阿米巴单元"，经营长所占的比率要比一般企业高，经营长对于阿米巴导入的成功与否起到关键的作用，同时经营长被充分授权，有发挥才能的舞台，可以在成功和失败中成长。

总之，稻盛和夫使用简单易懂的商业会计作为赋权工具，使每个阿米巴成员都能够关注并参与运营，使企业充满活力并保持繁荣。

三、阿米巴模式的操作条件

阿米巴经营模式能够获得有效运转，需要三个条件。

（一）阿米巴经营单元划分

经营单元划分需要三个原则。

1）有明确的收入，能够计算获得收入所需的开支。

2）最小单位组织的阿米巴必须是独立的业务单位。

3）能够实现公司的总体目标。

在阿米巴模式下，经营员工的自我管理理念和方法可以使阿米巴部门的目标与公司的总体目标相一致。

（二）阿米巴经营运转的基础和载体

单位时间附加值核算是阿米巴经营运转的基础和载体，这需要管理会计来提供数据，并且按照以下公式进行测算：单位时间附加值核算＝结算销售额／劳动总时间。

（三）阿米巴在运转过程中的三个步骤

阿米巴在运转过程中分为制订计划、实施计划、反馈与评估三个步骤。

计划主要包括年度计划和月度计划。阿米巴经营单元不断地根据内外部环境来制订滚动经营计划。在实施计划的过程中，经营长会频繁巡视现场来确保目标的完成，每天在晨会上也会不断重复单位时间核算的经营数字，使得数字深入每一位员工的内心。在反馈和评估时，企业每天反馈、及时反思，并每月公布全公司的业绩情况，对成绩优秀的经营长委以重任。总之，在运转循环中，企业不断地强调数字，使每天的经营都能够得到有效反馈。

中日两国的国情、文化和企业发展的阶段既有相似性，又有区别。如何将在日本运行良好的阿米巴经营模式本土化，值得我们进一步研究。

第三节　ABC 成本法

现代管理将 ABC 成本法定义为"基于活动的成本管理"。ABC 成本法是一种定量管理方法，它采用数理统计方法，根据物联网的经济和技术特点进行统计、排列和分析，掌握主要矛盾，区分关键点和一般点，并采用不同的管理方式和方法。

一、概述

ABC 成本法也称成本分析法、作业成本计算法、作业成本核算法。

ABC 成本法的指导原则是："成本对象消耗活动，活动消耗资源。"基于活动的成本核算（ABC）将直接和间接成本（包括期间成本）视为平均消费活动的产品（服务）成本，因此该方法扩大了成本计算的范围，并使计算的产品（服务）成本更加准确和真实。

活动是成本计算的核心和基本目标。产品成本或服务成本是所有活动的总成本，是企业实际资源成本的终结。

ABC 成本法因其准确的成本信息，可以改善业务流程，为资源决策、产品定价和投资组合决策提供完善的信息而受到广泛好评。20 世纪 90 年代以来，世界上许多先进企业都实施了基于活动的成本核算，以改善原有的会计制度，提高企业的竞争力。

二、成本分配的过程

ABC 成本法不仅是成本计算方法，而且是成本计算和成本管理的有机结合。ABC 成本法根据资源消耗的因果关系分配成本：根据活动中资源消耗的情况，将资源消耗分配给活动；然后根据成本对象消费活动的情况，将活动成本分配给成本对象。

（一）资源

资源是生产支出的原始形式和成本来源。企业运营系统涉及的人力、物力和财力资源属于资源。企业的资源包括直接人工、直接材料、间接制造成本等。

（二）活动

活动是指在组织中为特定目的消耗资源的行为。它是基于活动的成本核算系统中最小的成本聚合单元。从产品设计、原材料采购、生产和加工到产品交付和销售，活动贯穿产品生产和运营的整个过程。在此过程中，每个链接和进程都可以视为一个操作。

（三）成本动因

成本动因，也称成本驱动因素，是指导致成本发生的因素，即成本激励。成本动因通常通过活动消耗的资源来衡量，如质量检查的数量、电力消耗等。在基于活动的成本核算中，成本动因是成本分配的基础。成本动机可分为资源动机和活动动机。

（四）活动中心

活动中心（也称成本存储库）是指构成业务流程的互联与操作集合，用于收集业务流程及其输出的成本。换句话说，根据统一的运营动机，各种资源消耗项目可以概括在一起，形成一个活动中心。活动中心可以帮助企业更清晰地分析一组相关业务，进行运营管理、企业组织和责任中心的设计和评估。

三、ABC 成本法的组成

（一）作业

作业是需要操作并因此消耗资源的过程或程序。例如，调用供应商进行订购是一项作业。

（二）成本动因是工作的直接原因

成本驱动因素反映了产品或其他活动成本对象的需求。如果操作是交付货物，则成本动因是要交付的货物数量。成本动因应与计量单位相关联，并且要易于衡量。它们之间的关系将影响活动与交易成本之间的关系，即活动是否会影响交易成本。简单的测量可以轻松测量基于活动的成本、产品或服务的使用量。采购活动的一般成本动因包括申请所需的货物数量、零件规格数量、进度变更数量、供应商数量和延迟交货数量。

（三）成本对象

成本对象需要考核绩效的实体，如产品、顾客、市场、分销渠道和项目。

（四）作业清单

作业清单即产品或其他成本对象所需的活动和相关成本的列表。

四、ABC 分析法的过程

ABC 分析法的过程如下：

1）定义业务和成本核算对象（通常是产品，有时也可能是顾客、产品市场等）。这一过程很耗时间。如果两种产品满足客户的相同需求，那么选择客户比定义业务时选择单一产品更合适。

2）确定每种业务的成本动因（成本的决定因素，如订单的数量）。

3）成本分配给每个成本核算对象，并比较每个对象的成本和价格以确定其盈利能力。

五、ABC 分析法的实施步骤

作业成本的实施一般包括以下几个步骤。

（一）设定作业成本法实施的目标、范围，组成实施小组

基于活动的成本核算的实施必须有明确的目标，即决策者如何使用基于活动的成本计算提供的信息。实施范围是基于活动的成本核算部门，基于活动的成本核算可以

在整个企业或独立核算部门中实施，基于活动的成本核算的实施必须明确。为了实施基于活动的成本核算，必须建立一个基于活动的成本核算实施小组，由企业负责人领导，包括负责企业的会计和相关人员。ABC 在国外的实施通常由内部员工和外部专业顾问组成。外部专业顾问具有 ABC 实施的经验，因此，ABC 的实施可以从其他实施的成功和失败中吸取经验和教训。

（二）了解企业的运作流程，收集相关信息

实施小组应详细了解企业的业务流程，明确企业成本流程、导致成本发生的因素、各部门对成本的责任，以及便于设计运营和责任控制系统。

（三）建立企业的作业成本核算模型

在充分认识和分析企业运作的基础上，本节设计了一种基于活动的企业成本核算模型，主要定义了以下内容：企业资源、活动和成本对象的确定，包括其分类与各种组织层面，每个计算对象的责任主体，以及资源活动分配的组成；从资源到作业分配关系，再到作业产品分配关系。

（四）选择／开发作业成本实施工具系统

基于作业的成本核算可以提供比传统成本计算更多的信息，并且基于大量计算。没有软件工具的支持，就无法实现基于活动的成本核算，软件工具有助于完成复杂的会计任务和分析信息。基于作业的成本核算软件系统提供了基于活动的成本核算系统的构建工具，可以帮助建立和管理基于活动的成本核算系统并完成基于活动的成本核算工作。

（五）作业成本运行

在建立基于作业的成本核算系统的基础上，实施小组输入特定数据并运行基于作业的成本核算。

（六）分析解释作业成本运行结果

实施小组对作业成本的计算结果进行分析与解释，如成本偏高的原因、成本构成的变化等。

（七）采取行动

实施小组针对成本核算中反映的问题，如提高运营效率、评估组织和员工、改变运营方式、消除毫无价值的工作等采取行动。

企业是一个变化的实体，在作业活动的成本核算正常运行之后，还需要维护基于作业的成本核算模型，使其能够反映企业的发展变化。随着企业的运作，基于作业的成本核算的运作、解释和行动是一个周期性过程。

第四节　精益六西格玛

一、精益六西格玛概念

精益的核心理念是消除浪费，最大限度地提高企业活动的附加值；尊重和培养员工，使他们和他们的企业能够共同发展。六西格玛旨在降低波动性和复杂性，以便所有产品或服务都能达到或超过客户期望。精益六西格玛是精益和六西格玛的有机组合和相互补充，它旨在通过减少波动来消除浪费和质量，从而提高效率。

六西格玛管理是在全面质量管理的基础上发展起来的战略管理方法。六西马格管理起源于摩托罗拉，由通用电气公司开发。它经历了从冷到热，从西到东，从顶级跨国公司到普通企业的传奇过程。六西格玛管理为企业提供了通用的手段和语言，以实现业务目标，与员工联系流程，集中资源，以严格的科学方法和稳健的业绩改善模式实现利润和收入的提高。六西格玛紧密联系组织的所有要素，帮助企业实现业绩的突破，最终成为持久的绩效改进基因，这是企业成功的阶梯。

精益六西格玛是精益生产和六西格玛管理的完美结合。其实质是"消除浪费，提高速度"。精益六西格玛管理的目的是整合精益生产和六西格玛管理，吸收两种管理模式的优势，弥补单一模式的不足，实现更好的管理效果。精益六西格玛不是精益生产和六西格玛的简单组合，而是两者的互补和有机结合。

二、精益与六西格玛结合的必要性

精益生产依赖于参与者的知识，并采用直接解决问题的方法。因此，对于简单的问题，它解决得更快，但缺乏知识的标准化。对于复杂问题，它缺乏解决的效率，不能保证它处于统计控制状态。六西格玛管理更好地集成了各种工具，使用定量方法分析和解决问题，并具有标准化的 DMAIC（定义、测量、分析、改进、控制）过程来解决问题。它为复杂问题提供了高度可操作的解决方案和工具。

六西格玛优化的目标通常不够全面，缺乏优化整个系统的能力，因此需要将待解决的问题与整个系统联系起来，然后优化流程。精益生产理论的优势之一是系统过程的管理，其可以为六西格玛项目管理提供框架。一般而言，系统中存在一些非增值流程或活动。如果我们使用六西格玛方法来优化这些流程或活动，我们就无法突破原有的系统流程设计。为了消除这种非增值活动或过程，我们需要重新设计流程。六西格玛方法无能为力，精益生产刚好有一套方法和工具来支持我们完成这项工作。

简单的六西格玛作为唯一的工具仍然存在问题，这是简单问题的复杂性。既然可以在树上挑选苹果，为什么必须规定每个人都爬上梯子并弯下腰去做呢？在过去，我们只是制作了改进的流程图，从未考虑过到底需要多长时间，不会询问完成复杂过程的成本是否过高。从五西格玛到六西格玛可能需要花费三倍或更多倍的时间和精力，但客户并没有感受到明显的效果。

三、精益与六西格玛结合的可行性

两者都是持续改进和追求完美的例子，这是两者本质的同质性。因此，可以将两者结合起来。

精益生产和六西格玛管理与全面质量管理（TQM）密切相关。它们都是基于流程的管理，以客户价值为基本出发点，为两种生产模式的整合提供了基础。

精益思想的本质是消除浪费。六西格玛的本质是控制变异，变异是浪费的原因。因此，这两种模式不是对立的，而是互补的。

四、精益六西格玛结合的潜在收益

精益六西格玛管理的主要内容包括工厂现场管理、新产品开发、与客户的关系及与供应商的关系。对于现场管理，精益内容包括通过看板系统组织生产过程，实现准时化生产等。

精益六西格玛是一套系统管理原则和实施方法，旨在追求卓越和完美；它是一种全面的系统方法，用于了解客户需求、标准化使用和事实与数据的统计分析，以及灵活的管理和业务流程再造。同时，提升客户满意度，使用流程创新方法降低运营成本和周期，从而通过提升核心业务能力、提升企业盈利能力，是企业获取竞争力和可持续发展能力应采取的企业战略。

成功实施精益六西格玛的企业数据表明，精益六西格玛可以减少人力资源需求，无论是在产品开发、生产系统，还是在工厂的其他部门，与其他生产模式相比，最低可以减少到 1/2；减少产品开发周期，最小可减少到 1/2 或 2/3；生产过程中制成品的库存可以减少到其他生产方式下的一般水平的 1/10；工厂占用空间可以释放到其他生产方式的 1/2 以下；在其生产方式下，成品库存可降至平均库存水平的 1/4；产品质量可以提高，员工的能力也可以得到提高。

五、精益六西格玛的 DMAICL 实施方法

精益六西格玛活动可分为精益改进活动和精益六西格玛项目活动。精益改进活动主要针对简单问题，可以通过精益方法和工具直接解决。精益六西格玛项目主要针对

复杂问题。它将精益生产方法和工具与六西格玛方法和工具相结合。自 20 世纪 80 年代诞生于摩托罗拉以来，经过三四十年的发展，它已经发展成为解决问题和提高企业绩效的有效系统方法，即"定义—测量—分析—改进—控制—推广"，称为 DMAICL。

　　DMAICL 各阶段的内容如下：在定义阶段，使用精益思想定义价值并提出流程框架，在此框架中定义具有六西格玛工具的改进项目。将精益生产时间分析技术与测量阶段的六西格玛管理工具相结合，结合测量过程管理的现状。在分析阶段，使用六西格玛技术，将技术与精益流量原理相结合，分析变化和浪费。在改进阶段，流程和拉动是原则，两种模式中的所有可用工具用于增加、重新排列、删除、简化和合并过程，同时提高特定过程的稳健性和过程能力。除了在控制阶段完成六西格玛管理控制内容外，我们还应总结实施过程中出现的新问题，以便在下一个周期中进一步完善系统，最后进入推广阶段。

第四章 大数据背景下的财务管理模式

第一节 财务预测

一、财务预测的意义和目的

财务预测是指财务工作者根据企业过去一段时间财务活动的资料，结合企业现在面临和即将面临的各种变化因素，运用数理统计方法，结合主观判断，对企业未来财务活动的发展变动趋势及其财务成果做出科学的预计和判断。因为财务预测具有较强的综合性，预测的最终结果实际上是对企业未来的生产经营活动的一种预先综合反映，因而财务预测的主体应当是财会人员和有关业务人员（如销售人员）等，但主要是财会人员。

预测是进行科学决策的前提，它能根据所研究现象的过去信息，结合该现象的一些影响因素，运用科学的方法，估计现象将来的发展趋势，是人们认识世界的重要途径。预测是一个超前思考的过程，有助于企业应变，它给人们展现未来的各种可能前景，促使人们制订出相应的应急计划，提高企业对不确定事件的反应能力，从而减少不利事件出现给企业带来的损失，增加利用有利机会带来的收益。

财务预测的目的，是为了体现财务管理的事先性，即帮助财务人员认识和控制未来的不确定性，使未来的风险降到最低限度，使财务计划的预期目标同可能变化的周围环境和经济条件保持一致，并对财务计划的实施效果做到心中有数。

二、财务预测的种类

财务预测是企业财务管理的首要环节，财务预测的具体内容与企业财务活动的内容密切相关。为了便于研究和掌握财务预测，人们往往依据不同的标准对其进行分类。

（一）长期财务预测、中期财务预测和短期财务预测

按财务预测所跨越的时间长度，财务预测分为长期预测、中期预测和短期预测。

长期预测主要是指对 5 年以上的财务变化以及趋势的预测，为企业今后长期发展的重大决策提供财务依据。中期预测主要是指对 1 年以上、5 年以下的财务变化及其趋势的预测，它是长期预测的细化、短期预测的基础。短期预测则是指对 1 年以内的财务变化及其趋势的预测，主要为编制年度计划、季度计划等短期计划服务。

（二）资金需要量预测、销售预测、成本费用预测和利润预测

按财务预测的内容，财务预测可分为资金需要量预测、销售预测、成本费用预测和利润预测。资金需要量预测，主要是以预测期企业的生产经营规模的发展和资金利用效果的提高等为主要依据，运用一定的数学方法，对未来一定时期进行生产经营活动所需资金，以及扩展业务追加投入所需资金进行预计和推测。销售预测主要是对预测期企业的销售量或销售额所做的预计和测算。销售预测是决定企业经营决策的最重要依据，在搞好销售预测的前提下，才能搞好其他的预测。成本费用预测是编制成本预算之前，根据企业的经营总目标和预测期可能出现的各个影响因素，采用定量和定性的分析方法，对预测期的目标成本、成本水平和变动趋势所进行的预计。利润预测就是根据企业经营目标的要求，通过对影响利润的有关因素进行分析，对未来一定时期可能达到的利润水平和变化趋势所进行的科学预计和推测。

（三）定性财务预测和定量财务预测

按财务预测方法的性质，财务预测可分为定性财务预测和定量财务预测。定性财务预测是一种直观预测，多采用专家意见结合调查研究的方式进行。这种预测的目的，不在于准确地推算具体数字，而在于广泛集合意见，判断事物的未来发展方向，如判断分析法、调查分析法等。定量财务预测主要是根据过去的历史资料（包括会计、统计、业务核算等资料），运用一定的数学方法进行科学的加工处理，并建立数学模型，充分揭示有关变量之间的规律性联系，如算术平均法、移动平均法、直线趋势法、指数平滑法等。

在实际工作中，定性财务预测与定量财务预测往往互相渗透、相互补充。换言之，定量财务预测也要在定性分析的基础上进行，这样才能提高预测的科学性、精确性。

三、财务预测的原则

进行财务预测时，一般遵循以下原则：

（1）连续性原则。财务预测必须具有连续性，即预测必须以过去和现在的财务资料为依据来推断未来的财务状况。

（2）关键因素原则。进行财务预测时，应首先集中精力于主要项目，而不必拘泥于面面俱到，以节约时间和费用。

（3）客观性原则。财务预测只有建立在客观性的基础上，才有可能得出正确的

结论。

（4）科学性原则。进行财务预测时，一方面要使用科学方法（数理统计方法）；另一方面要善于发现预测变量之间的相关性和相似性等规律，进行正确预测。

（5）经济性原则。财务预测中讲究经济性，是因为财务预测涉及成本和收益问题，所以要尽力做到使用最低的预测成本达到较为满意的预测质量。

四、财务预测的程序

财务预测一般应按以下程序进行：

（一）明确预测对象和目标

财务预测首先要明确预测对象和目标，然后才能根据预测的目标、内容和要求确定预测的范围和时间。

（二）制订预测计划

预测计划包括预测工作的组织领导、人事安排、工作进度、经费预算等。

（三）收集整理资料

资料收集是预测的基础。公司应根据预测的对象和目的，明确收集资料的内容、方式和途径，然后进行收集。对收集到的资料要检查其可靠性、完整性和典型性，分析其可用程度及偶然事件的影响，做到去伪存真、去粗取精，并根据需要对资料进行归类和汇总。

（四）确定预测方法

财务预测工作必须通过一定的科学方法才能完成。公司应根据预测的目的以及取得信息资料的特点，选择适当的预测方法。使用定量方法时，应建立数理统计模型；使用定性方法时，要按照一定的逻辑思维，制定预算的提纲。

（五）进行实际预测

运用所选择的科学预测方法进行财务预算，并得出初步的预算结果。预测结果可用文字、表格或图形等形式表示。

（六）评价与修正预测结果

预测毕竟是对未来财务活动的设想和推断，难免会出现预测误差。

因而，对于预测结果，须经过经济分析评价，才能予以采用。分析评价的重点是影响未来发展的内外因素的新变化。若误差较大，就应进行修正或重新预测，以确定最佳预测值。

五、财务预测的方法与运用

（一）财务预测的方法

财务预测的方法是财务预测管理系统的核心，采取有效合理的财务预测方法是取得较好财务预测结果的重要前提。财务预测的方法有很多，但归纳起来主要有以下两类：

1. 定性预测法

定性预测法是指预测者根据调查研究，结合自己的实践经验、专业水平及组织有关领域的专家等人员的判断能力，不用或仅用少量的计算，从预测对象中找出规律进行分析并求得结果的一种预测方法。

定性预测方法的主要优点是：企业在缺乏足够的统计数据和原始资料的情况下，也可以做出较为准确的量化估价。由于这种预测需要的数据不多，其预测精确度只依赖于预测者的经验水平，要求不是很高，因此使用起来比较简易。同时，定性预测方法的缺点是：定性预测单凭组织者和专家等个人积累的经验判断，选择的人员不同，预测结果也不同，所以主观性比较强；又因为数据资料不够完整，使预测结果与实际发展情况误差增大，预测质量降低，只有再结合定量预测才能提高预测的精确度。常用的定性预测方法主要有以下几种：

（1）意见汇集法。意见汇集法又称主观判断法，它是由预测人员根据事先拟定好的提纲，对那些对预测对象比较熟悉、对未来发展趋势比较敏感的领导人员、主管人员和业务人员展开调查，广泛征求意见，然后把各方面的意见进行整理、归纳、分析、判断，最后做出预测结论。

意见汇集法的优点在于：能够广泛收集专业人员的意见，集思广益，并且耗费时间与精力都比较少，运用灵活。

意见汇集法的缺点表现为：一是预测结果易受个人主观判断的影响，一个问题可能会产生多种不一致的观点，给预测带来一定的困难；二是缺乏数字说明，使一些专门问题的研究不能深入，难以得出令人信服的结论。

（2）专家小组法。专家小组法是由企业组织各方面的专家组成预测小组，通过召开各种形式的座谈会的方式，进行充分、广泛的调查研究和讨论，然后根据专家小组的集体研究成果做出最后的预测判断。

专家小组法的优点在于：由专家组成的小组面对面地进行集体讨论和研究，可以相互启发、印证和补充，使对预测问题的分析和研究更为充分、全面和深入，避免各专家因信息资料不能共享而使预测带有片面性。

专家小组法的缺点表现为：一是由于参加讨论的人数有限，因而代表性较差；二是由于会议上进行的是面对面的讨论，参加者可能碍于情面而不能充分发表自己的意见，讨论结果特别容易为权威人士或争强好胜者所左右。

（3）德尔菲法。德尔菲法又称专家调查法，由美国兰德公司在20世纪40年代首先使用。它主要是采用通信方法，通过向有关专家发出预测问题调查表的方式来搜集和征求专家的意见，并经过多次反复、综合、整理，归纳各专家的意见之后做出预测判断。德尔菲法具有以下特点：

1）保密性。针对目标组成的专家小组一般由15～20人组成。调查者给每位专家发出信函，要求他们针对预测目标做出独立的判断，提出书面意见。各成员之间不见面、不商量，相互保密，以避免彼此之间的心理干扰。

2）反馈性。调查者将各位专家寄来的书面意见加以整理、归纳，然后再反馈给各位专家，让他们在吸取别人思想、参考别人意见的基础上对自己的第一次判断进行修正。这一过程也是在保密的情况下进行的，并且重复若干次，使专家的意见逐渐趋于成熟。

3）集中判断。经过几次反复征求意见，调查者把最后一次不同意见采用适当的方法加以综合平均，提出预测结果。

德尔菲法的优点在于：各个专家既可以各抒己见，又可以集思广益、取长补短。对专家意见进行综合分析，有助于克服预测中的片面性。

德尔菲法的缺点是，占用时间较多，速度较慢。

德尔菲法适用于对没有足够的信息和历史资料的经济现象的预测，在新产品与新技术开发、工作项目投资、有限资源与无限资源的合理配置、商品市场需求、销售及产品普及时间等方面的预测中较为适用。

2. 定量预测法

定量预测法是利用企业已经掌握的历史资料，运用数理统计、信息运筹处理的定量的数学手段，建立数学模型进行财务分析，以做出预测结果的一种预测方法。定量预测法是财务预测方法中的重要组成部分，当代计算机科学的发展也给定量预测提供了现代化手段。这种预测技术能够比较客观地分析预测对象的发展趋势及外部条件，加上科学的数理统计，所得出的数据较为可靠，预测精确度也相对较高，适用于对经济发展和经营活动比较正常且稳定时期一些复杂、精密活动事项的预测。

定量预测通常不能把不定量的因素综合进去，所以对经济运转过程中的突发事件估计不足，而在预测对象发生偶然性变化时，容易产生滞后的偏差，应变能力较差。此外，定量预测结果虽然精确度很高，但其数学模型建立过程比较烦琐，耗费人力、财力较多，难以达到既经济又准确的预测目的。

为了使预测结果更加符合实际，人们需要把两种方法结合起来进行综合判断，以取得满意的预测效果。定量预测法按照具体做法的不同，又可以分为以下类型：

（1）因果预测分析法。因果预测分析法即从某项指标与其他有关指标之间的规律性联系中进行分析研究。这种预测方法主要根据各有关指标之间内在的相互依存、相互制约的关系，建立相应的因果数学模型进行预测分析。因果预测分析法又包括以下方法：

销售百分比法。销售百分比法是常用的资金需求量的预测方法，它是以未来销售变动率为主要参数，考虑企业资产负债表项目及其他因素随销售变动而造成对资金的影响，从而预测未来需要增加资金量的一种分析方法。

本量利分析法。本量利分析法是分析产品的销售价格、销售数量、销售成本等变动对利润的影响，从而进行预测、决策的一种分析方法。就其简单的形式而言，仅指销售水平的测定，即在某一销售水平下（使企业既无利可获，又不发生亏损），进行盈亏临界点（损益平衡点、保本点）的测定。

从管理的需要出发，企业的成本按其性质可以划分为固定成本和变动成本两类。固定成本是指成本总额在一定时期和一定业务量（生产量或销售量）范围内，不受业务量增减变动影响而能保持不变的成本。如企业管理费、折旧费、差旅费、管理人员工资等。变动成本是指成本总额与业务量成正比例增减变动关系的成本。如直接材料、直接人工和变动性制造费用等。

为了提高管理水平，在生产经营活动中灵活地运用本量利分析的技术方法，可以合理地处理成本与产量的关系，正确确定产品的产销量，达到降低产品成本、增加企业利润的目的。

回归分析预测。回归分析预测是通过对与预测对象有联系的经济现象变动的观测数据和变化趋势的计算与分析，建立起变量间数量关系的数学模型，推断未来状态的数量表现的一种方法。

其预测的基本数学模型为：

$y = a + bx$

式中：y 为预测值；x 为影响因素；a 和 b 为回归系数。

上式是一个直线方程，求常数 a 和系数 b 的合理值，通常用最小平方原理得出。

该方法预测精确度较高，预测结果有很大的稳定性。但回归计算比较烦冗，需要计算和储存的数据太多，加大了预测的工作量。同时其灵活度不够，预测结果反应速度较慢，也不易在多变的经济现象中预测未来的发展趋势。

回归分析预测一般适用于较长期的预测，在具有因果关系的分析中优势更为突出。在一些生产较为稳定、需求量不随时间的变化而变化的必需品和药品等企业有着广泛的应用。

比例预测法。比例预测法是利用利润指标与其他经济指标之间存在的内在比例关系预测目标利润的方法。由于销售利润与产品销售收入多少、产品成本水平及企业资金总量存在密切的关系，因此利用比例预测法预测目标利润可以应用多种比例关系。

这些比例关系主要有销售收入利润率、成本利润率、资金利润率和利润增长比率等。财务人员可以根据分析，先对这些比率进行预测，再根据预测结果确定目标利润。

1）销售收入利润率预测法。销售收入利润率预测法即利用销售利润与销售收入的比例关系进行利润预测的方法。在其他条件不变的情况下，销售利润的多少完全取决于销售收入的多少，二者成正比例变化趋势。因此，可以在上期实际销售收入利润率的基础上进行目标利润的预测。

用销售收入利润率预测法确定目标利润的计算公式为：

目标利润＝预计销售收入 × 预定的销售利润率

2）成本利润率预测法。成本利润率预测法即利用销售利润与销售成本的比例关系进行利润预测的方法。在其他条件不变的情况下，成本降低就可以增加利润，从而提高成本利润率。因此，可以在上期实际销售成本利润率（或同行业先进水平的销售成本利润率）的基础上进行目标利润的预测。

用成本利润率预测法确定目标利润的计算公式为：

目标利润＝预计销售成本 × 预定的成本利润率

3）资金利润率预测法。资金利润率预测法即利用销售利润与资金总量的比例关系进行利润预测的方法。按照资金利润率预测目标利润的实质是按照要求的投资利润率取得利润，使企业获得预期的利润水平。因此，可以按照要求的资金利润率（或上期实际或上几期平均资金利润率）进行目标利润的预测。

用资金利润率预测法确定目标利润的计算公式为：

目标利润＝预计资金占用总额 × 预定的资金利润率

4）利润增长比率预测法。利润增长比率预测法是根据有关产品上一期间实际获得的利润额和过去连续若干期间平均利润的增长幅度，并全面考虑影响利润有关因素的预期变动，预测目标利润的方法。其计算公式为：

目标利润＝上期实际利润总额 ×（1＋利润增长百分率）

（2）趋势外推预测法

趋势外推预测法又称历史资料引申法或时间序列法，即把历史资料按年或月排成一个时间数列，从中找出预测对象发展趋势的变化规律，再将其加以引申从而推断未来结果的一种方法。其具体方法又包括：

简单平均法。简单平均法是指依据简单平均数的原理，将预测对象过去各个时期的数据加以平均，以这个平均数作为预测值的一种预测方法。其计算公式为：

预测对象预测值＝预测对象以往若干期历史数据之和 ÷ 期数

简单平均法的优点是计算简便。

简单平均法的缺点是将预测对象的波动平均化了，因而不能反映预测对象的变化趋势，所以该方法只适合于比较稳定的企业或波动不大的预测对象。

移动平均法。移动平均法是指预测所用的历史资料要随预测期的推移而顺延的一种预测方法。之所以要移动，是因为距离预测期越近的年度或月份对预测期的影响越大，而距离预测期越远的年度或月份对预测期的影响越小。移动平均法又可以分为简单移动平均法、加权移动平均法和移动平均数法三种。

1）简单移动平均法。其计算公式为：

某指标预测值＝所选期数内该指标历史数据之和÷所选历史数据的期数

简单移动平均法在计算上比较简单，但与简单平均法一样，也存在着以平均化的历史资料替代预测结果的问题。这一方法可适用于预测对象波动不大的情况。

2）加权移动平均法。加权移动平均法是指在预测时所用的历史资料随预测期的推移而顺延，同时还要考虑不同时期早晚的差异，并对其进行加权平均的一种预测方法。离预测期越近的历史数据，其权数越大；离预测期越远的历史数据，其权数越小。比如，预测销售收入，当企业销售收入呈上升或下降趋势时，应采用此法把近期观察值的权数加大一些，远期观察值的权数缩小一些，以体现销售量增减变动的趋势。它可以避免简单平均法把每个观察值看得同等重要的不足，更能体现事物稳定的变化趋势。

加权移动平均法的计算公式为：

某指标预测值＝所选期数内该指标历史数据与权数的乘积之和÷所选历史数据的期数

采用加权移动平均法，影响预测值的一个重要的因素是权数的选择，而权数的选择属于主观判断，其合适与否直接影响到预测结果的准确性。因此，从某种意义上说，加权移动平均法是定量预测法和定性预测法的结合。

3）移动平均数法。移动平均数法是以过去一定时期的历史资料为基础，根据时间序列逐项移动求序时平均数，对平均变化趋势加以修正的一种预测方法。其计算公式为：

预测值＝最后一步的移动平均值＋最后一步距离预测期间隔的期数×最后一步平均变动趋势值

式中：移动平均值既可以按简单算术平均数计算，也可以按加权算术平均数计算；平均变动趋势值是指每后一步的移动平均值与前一步的移动平均值之差，即每步移动平均值增减额。

指数平滑法。指数平滑法是利用过去的统计资料以及平滑系数进行预测的一种方法。通常以上期预测值为基础，加上上期实际数与上期预测的差额用平滑系数加权后的调整数作为本期预测的期望值。这一过程又称为修匀，因此此法又称指数修匀法。

其计算公式为：预测值＝平滑系数×上期实际值＋（1－平滑系数）×上期预测值

平滑系数取值在0～1之间。

指数平滑法的优点：简便实用，对当前的数据要比过去的数据更为重视，不必进行数学推导，可来自经验推导，还能及时、自动地用新信息来调整预测值，使预测结果跟上经济现象的变化，消除季节性和随机性的影响，清楚地表明事物发展的趋势。

由于该法假设了过去的趋势和图形将继续发展到未来的情况，因此不能预测未来的转折点。当新数据出现显著变化时，应用这种方法容易出现两种极端：一是预测模型对显著变化的反应过于迅速，造成反应过于灵敏的偏差；二是预测模型过于稳定和保守，反应过于谨慎和缓慢，造成滞后的偏差。因此，这种方法的精确度比其他定量预测方法要低，适用于具有线性趋势的时间序列的短期预测。

综上所述，财务预测方法很多，每种方法都有自身的特点、用途与适用范围，必须综合多种因素来考虑、分析比较，进行选择。在选择预测方法时应当注意正确把握各种不同预测方法的适用条件，注意按经济发展的不同阶段选择最适宜的预测方法，掌握好预测时间，满足成本的要求，注意预测精确度的条件等。

（二）财务预测常用方法分析

在实际财务管理工作中，财务预测工作主要表现为通过预测对企业资产利用和资金需求做出估计，并综合各种影响因素编制企业财务计划。其具体步骤为：根据企业历史数据，运用各种财务预测方法进行销售预测，在此基础上，通常采用销售百分比法预测企业资产负债表，或者在相应假设条件下，通过各种预算得到所需要的预测财务报表。本部分分析这两种常用方法。

1. 财务报表预测的销售百分比法

财务预测由一系列预测的有关各项财务数据构成，预测的财务数据将构成企业预测财务报表，主要是预测的资产负债和利润表。传统的财务报表预测常用的方法是销售百分比法，或者通过对收入、成本、费用和利润进行估计，做出相应的成本预算、生产预算及资金预算等，在此基础上完成预测财务报表。

销售百分比法基于两个假设：一是大多数资产负债表和利润表的科目与销售额存在稳定的百分比关系，即这些科目随销售额的变化而呈同比例的增减变化；二是在现有销售水平下，所有资产都已得到充分利用，如果增加销售，则必须增加资产。

采用销售百分比法进行财务报表预测的基本步骤如下：

（1）对历史数据进行审核，判断财务报表的哪些项目与销售成比例变化。

（2）预测销售额。可以运用各种财务预测方法尽可能准确地估计销售额。

（3）根据预测的销售额，得到财务报表中与之成比例关系的项目的预测值。

（4）考察分析追加资金的方式，找出补充资金的最佳来源。

（5）编制出完整的预测资产负债表和预测利润表。

采用销售百分比法预测财务报表，充分利用了财务数据之间的内在联系，并且延续了上年度的财务状况，简便易用，是一种简单实用的方法。但机械地利用比例关系得出的结论，使财务管理者无法获得所需要的信息；同时，其前提假设经常不符合企业所面对的实际情况，尤其是在规模经济或存在批量购销问题时，从而限制了这一方法的使用。销售百分比法的缺陷在于：一是规模经济效应。资产的运用存在着规模经济效应。在一定条件下，随着公司规模的扩大、销售收入的增加，单位资产产生的销售额和利润额也会随之增加，即单位资产的利用效率会提高，如存货的增长速度通常低于销售额的增长速度等。这样，某些资产的占用量并不会与销售额同步增长，这时就不能简单地使用销售百分比法。二是资产的不可分割性。在很多情况下，资产，特别是固定资产，必须按照一个个完整的项目增加，而不能任意分割为零散的单位。比如，一条生产线的最小单位是年生产能力 1000 万件，那么当企业需要增加 500 万件的产量时，也需要购入或建造整条生产线，无法按照销售额增长的比例增加其固定资产。

2. 由各种预算得出预测财务报表法

用这种方法进行财务报表预测的基本步骤如下：

（1）根据企业经营目标、发展趋势和面对的市场情况，运用各种分析手段做出销售预测。

（2）按照以销定产原则，根据销售预测制订生产计划，进而做出生产成本预算和费用预算。

（3）根据生产和销售需要制定出最佳库存量。

（4）以销售收入、生产计划以及成本和费用为基础，做出现金预算。

（5）通过对收入、成本、费用和利润的分析，预测利润表各项目的数值。

（6）根据以上各步骤提供的数值，得出预测资产负债表。

这种预测财务报表的方法，计算工作量较大，需要确定各种计划和预算，涉及各个部门，加大了财务管理的工作量和工作难度，并且各步骤都存在人为假设，最终报表的偏差会比较大，不适合财务部门对企业综合财务状况的全面了解和把握，不利于观测、掌握企业未来财务活动的发展趋势，容易陷入被动的财务困境中，从而加大企业经营风险。

预测财务报表是财务预测使用最广泛的工具，是围绕财务预测的所有方法中最好的一种。但传统的财务报表预测方法往往无法准确地体现企业的发展趋势，在计算环节中，离初始计划目标越远，同实际规律偏离越大。因此，需要积极探讨新的财务报表预测方法，克服传统方法的不足，以更好地满足企业财务管理的需要。

第二节　财务决策

一、财务决策的内涵

财务决策是财务人员按照财务目标的总体要求，利用专门的方法对各种备选方案进行比较分析，并从中选出最佳方案的过程。

财务决策是财务管理的重要内容。企业财务管理包括财务预测、决策、预算、控制、分析和考核等环节，企业的一切财务管理工作都要以财务决策为原则和依据来进行，财务决策是决定财务管理成败的关键。财务决策是企业经营决策的组成部分，而企业的经营决策从属于企业的经营管理。所谓"管理的重心在经营，经营的重心在决策"，这正说明了决策职能在企业经营管理中所处的重要地位。企业在经营管理活动中往往要做出各种决策，而大多数决策都会涉及财务问题。从这一点来看，可以说财务决策是其他经营决策的趋同和回归，是各项经营决策的核心和综合反映。企业的任何决策都必须把财务决策放在重要的位置上。

二、财务决策系统的要素

一个财务决策系统由以下五个要素构成：

（一）决策者

决策者是决策的主体。它可以是一个人，也可以是一个集团——决策机构。关系团体利益的决策，逐步从个人决策转为集团决策，逐步从高度集中的决策转变为多层次的分散决策。

（二）决策对象

决策对象是决策的客体，即决策想要解决的问题。构成决策对象的只能是决策者的行为可以施加影响的系统，决策者的意志不能改变的东西不能成为决策对象。

（三）信息

信息包括企业内部功能的信息，以及企业外部环境的状态和发展变化的信息。在决策时，保持信息的真实性和正确性是十分重要的，绝大多数决策错误都与信息失真有关。

（四）决策的理论和方法

决策的理论和方法包括决策的一般模式、预测方法、定量分析和定性分析技术、决策方法论、数学和计算机应用等。有了正确的信息，只是具备了科学决策的前提，并不等于就有了科学的结论。决策者还需要科学的理论指导，并运用恰当的方法来分析、推理和判断，才能找出好的方案。

（五）决策结果

决策结果是指通过决策过程形成的、指导人的行为的行动方案。企业决策的结果通常要采用语言、文字、图表等明显的形式来表达。决策的五个要素相互联系、相互作用，组成了一个决策系统。

三、财务决策的分类

按决策影响的时间，财务决策分为长期决策和短期决策。

（1）长期决策。长期决策是指影响所及时间超过一年的决策，它关系到企业今后发展的长远性和全局性，因此又称战略决策，如资本结构决策、项目投资决策等。

（2）短期决策。短期决策是指影响所及不超过一年的决策，它是为实现长期决策目标所采取的短期策略手段，如短期资金筹集决策、闲置现金利用决策等。

按决策的问题是否重复出现，财务决策分为程序化决策和非程序化决策。

（1）程序化决策。程序化决策是指针对不断重复出现的例行性经济活动，根据经验和习惯确立一定的程序、处理方法和标准，经济业务实际发生时，依据既定程序、方法和标准做出决定的过程。例如，企业现金与有价证券转换、信用发放等业务经常重复出现，并有一定规律，企业可以事先制定现金管理政策、信用政策，平时据此具体决定执行。

（2）非程序化决策。非程序化决策是指针对特殊的非例行性业务专门进行的决策，如项目投资、新产品开发等重大问题的决策。它的特点是非重复性和创新性，没有统一的模式可以借鉴，只能针对具体问题，按照收集情报、设计方案、抉择和审查的过程来个别解决。

按决策的条件不同，财务决策分为确定型决策、风险型决策和非确定型决策。

（1）确定型决策。确定型决策是指一个方案只有一种确定的结果，只要比较各个方案的结果，即可做出选择的决策。

（2）风险型决策和非确定型决策。风险型决策和非确定型决策涉及的方案的结果都是不确定的，都有可能出现多种结果，但风险型决策具备两个条件：①知道结果的数量及每种结果的条件值；②可以估计每种结果相应的概率值。不同时具备以上两个条件的方案决策称为非确定型决策。现实中绝大部分决策都属于非确定型的。因此，有时也将决策划分为确定型和非确定型（或风险型）两类。对于风险型和非确定型决策，必须采用专门的方法评价风险或非确定型对决策结果的影响。

按决策方法与程序不同，财务决策分为定性决策和定量决策。

（1）定性决策。定性决策是指根据决策者的知识和经验所做出的决策。它是在决策者掌握预测信息的前提下，对决策目标和影响目标实现的因素所做出的主观判断，往往不需要利用特定数学模型进行定量分析。

（2）定量决策。定量决策是指利用数学模型对备选方案进行数量分析，根据计算结果判断备选方案是否可行以及选择最优方案的决策。

其中，定量决策主要用于决策目标和影响目标实现的因素可以用数量指标表示的决策，而定性决策主要用于影响因素过多或者目标及影响因素难以量化的情况。

按决策是否考虑货币时间价值因素，财务决策分为静态决策和动态决策。

（1）静态决策。静态决策是指不考虑货币时间价值因素的决策。货币时间价值与时间跨度的大小成正比，当决策方案影响的时间期间较短时，货币时间价值比较小，甚至可以忽略不计。因此，短期决策一般使用静态决策法。此外，静态决策具有计算简单、便于理解的优点，有时也作为长期决策的补充方法。

（2）动态决策。动态决策是考虑货币时间价值的决策方法，主要用于长期决策。

四、财务决策的作用

财务决策对企业具有重要的作用，主要表现在以下几个方面：

（一）财务决策能使企业加强预见性、计划性，减少盲目性

财务决策运用一系列科学的决策方法，能比较深刻地洞察决策对象的本质，不被其表面现象迷惑。通过财务决策，可以否定那些似是而非的方案，肯定那些表面看来似乎错误的方案，提高计划的准确性。众所周知，计划的节约是最大的节约，计划造成的浪费是最大的浪费，计划准确能使企业增加盈利，避免重大损失，真正做到防患于未然，财务决策对制订正确的计划具有重要的作用。

（二）财务决策是企业财务活动的依据

企业的财务管理包括财务决策、财务预算、财务控制等。在企业财务管理中，一些重要的财务问题，如制定和选择财务活动方案，确定各种财务活动的目标及实现的途径和方法，从多种渠道合理筹集企业必需的资金、确定资金的使用方向，在企业现有资源条件限制下使企业的盈利最大化等一系列重大财务问题，都由财务决策完成。财务决策在财务管理中占有举足轻重的地位。

（三）财务决策可以评价和选择企业的经营决策

企业的大部分经营决策都涉及资金和盈利问题，如投资决策、产品生产决策等。企业的一些重大经营活动往往是经营决策和财务决策互相交织在一起，只不过对同一个经营活动的着眼点不同而已。经营决策侧重于从经营角度看问题，而财务决策则侧

重于从资金占用和盈利的角度看问题。二者殊途同归，目的都是为求得企业的生存与发展，提高企业的经济效益。为了全面地看问题，这些经营决策都应最终汇总于财务决策，通过财务决策对这些经营决策进行评价和选择，确定各种经营决策的优劣及正确与否，以便决定经营方案的取舍。财务决策对正确进行经营决策起着检查、把关的作用，可以对经营决策进行评价和选择，保证经营决策的正确性与最优化。

（四）财务决策可以合理配置企业的各种资源

企业的一切生产经营活动离不开各种资源。只有从实物形态与价值形态的结合上合理配置各种资源，才能使企业获得较优的经济效益。从价值形态上配置各种资源，实际上是在资金合理分配的基础上实现的，这项工作只有通过财务决策才能完成。财务决策能使各种资源得到合理配置，从而为企业卓有成效地利用企业有限资源、提高资源使用效果创造极为有利的条件。

显而易见，财务决策在企业经营管理中具有不可忽视的重要作用。过去，在我们企业的财务管理中不重视财务决策，不进行财务决策，因而不能充分发挥财务对生产的促进作用，财务管理的广度和深度都不够，这是企业经济效益提高不快的原因之一。作为一个自负盈亏的相对独立的商品生产者，企业要求生存、图发展，必须提高对财务决策重要性的认识。努力加强财务决策，这是当前摆在企业面前的一项重要任务。

五、财务决策的原则与条件

（一）财务决策应遵循的原则

社会主义市场经济体制的确立，企业经营机制的转换，为企业的财务活动提供了广阔的范围，并对决策活动提出了更高的要求。企业在走向市场的过程中不能背离市场规律，要在财务决策中始终坚持市场导向的原则，具体包括以下几项原则：

1. 最优化原则

财务决策最终要选择最优的经营方案。因此，决策中要求在遵守国家有关政策法令及考虑社会、政治、道德等各方面因素的前提下，反复比较，论证各种方案的成本、收入、利润和承担的风险，在权衡各种方案利益得失的基础上，把能使企业获得最优经营效益的方案作为实施方案，使财务决策最优化。

2. 量力而行原则

财务决策要根据企业的实际需要与可能，做到量力而行。在决策中要冷静、全面地分析和考察企业的人力、物力、财力及市场情况，做出符合企业实际需要的实事求是的结论。筹资决策要考虑偿还能力，投资决策要考虑市场需求和投资效益；还必须充分调动企业内部各部门和人员的积极性，在综合平衡的基础上，使财务决策更具有可行性和指导性。

3. 弹性原则

财务决策要有弹性，具有适应不同情况变化的应变能力。在决策中要清醒地估计到各种方案的风险程度及企业承受风险的能力，使风险损失不至于造成不可挽回的严重后果。因此，最优的决策方案必须建立在获取尽可能大的经济效益的前提下，留有充分的余地，使方案切实可行。

4. 收益与风险配比原则

进行负债经营、规模投资等决策时，既要考虑它的收益，又要进行风险识别，在两者之间权衡抉择，并要相应制定应付风险的对策和措施。

5. 决策相关原则

在可供选择的几个资金运用方案中，如果决策行为涉及或影响各种成本费用和收益，应在决策时加以考虑和分析。

6. 资金成本原则

占用任何资金都要付出一定的代价，资金的筹集和利用都不会没有代价。进行财务决策时，应把资金成本作为一个重要的因素加以考虑。

（二）财务决策应具备的条件

财务决策涉及的范围广泛，从经营资金的筹集到投资方案的确定，从原材料的采购到产品生产的安排，从产品收入的实现到利润的分配，都是财务决策的对象。正确进行财务决策必须具备下列条件：

1. 进一步扩大企业理财的自主权

进行财务决策必须进一步扩大企业的财务决策权，具体包括：

（1）企业有权根据生产经营资金的需求，采用不同渠道筹集资金。

（2）企业有权自行支配、使用维持简单再生产所必需的全部折旧基金。

（3）对留存的各项资金分配比例，企业应有一定的财务决策权。

（4）对企业拥有的全部资金，在国家规定范围内，企业应有独立的使用权和支配权，使企业真正成为一个自负盈亏的、独立的经济核算单位。

2. 实行固定资金有偿使用制

企业使用资金就要承担一定的经济责任。实践证明，资金无偿使用的做法弊端极大，只有实行资金有偿使用，才能促使企业从经济利益上去关心资金的使用效果，改变对固定资产只讲使用而不考虑成本的状况，促使企业及时处理多余的固定资产，减少不合理资金占用，提高资金的使用效果。

3. 加强宏观调控，发挥市场机制作用

进行财务决策必须正确处理宏观利益与微观利益、眼前利益与长远利益的关系，要运用价值规律和各种经济杠杆，加强宏观调控，充分发挥市场机制的作用，为企业

提供正确的市场信息，提高企业的决策水平。此外，企业内部还必须有一种追求自我改造和自我发展的动力。

这种动力的产生，来源于企业职工在权、责、利相结合基础上所产生的对切身经济利益的强烈要求，源自职工经济利益与企业经济利益的紧密结合，同时还源自企业和职工对社会的高度责任感和献身精神，在不断的实践中，使企业正确、自觉地进行财务决策。

六、财务决策的程序和方法

（一）财务决策的基本程序

1. 提出问题，确定决策目标

及时发现当前财务管理中存在的以及伴随企业未来生产经营变化和实施发展战略而需要解决的财务问题，分析评价每个问题的性质和重要性及其影响因素，这是确定财务决策目标，进行财务决策的前提条件。

财务决策经常遇到的问题主要存在于以下几个方面：

（1）资金筹措方面。企业筹集的资金主要用于日常生产经营活动和投资活动。因此，企业首先应该分析当前以及未来开展正常生产经营活动所需资金的供应是否充足，哪些方面需要追加资金，资金需要量多少，预计占用期限多长；为了实现企业战略目标，企业近期的投资项目有哪些，需要多少资金，项目现金流量如何分布等。然后，了解适合这些资金需求的筹措渠道和方式，以及影响资金供求关系的各种因素的变化趋势。最后，还要考虑企业偿债能力和筹资后对资金来源结构的影响，以及企业是否具有控制风险的得力措施等。

（2）资金投放方面。企业为了获取规模效益、多元化经营分散风险、行业战略转轨及维持生产经营能力等需要进行投资活动和投资决策。这时涉及的问题主要是，有哪些投资方案可供选择，它们的预期收益是多少，投资风险有多大，如何控制风险，每个方案分别对企业整体战略影响的大小，投资所需资金供应是否具有保障，以及企业是否具有相应的技术优势和管理能力剩余等。

（3）资本运营管理方面。存量资产配置合理与否会影响企业经营效率的高低，企业内外环境条件的变化也会影响各项既定资产经营管理政策的适用性。因此，企业应该经常检查各项资产运行现状和各项资产经营管理政策的执行情况，以及时发现是否存在各项存量资金不足与闲置现象以及管理政策过时的问题，并考虑可供选用的改进方案措施。

（4）股利政策方面。企业的股利政策涉及企业的眼前利益和长远利益，也影响不同利益相关者的利益，还起到信号传输的作用。因此，股利政策是企业的一项非常重要的财务管理政策，它既要保持稳定性，也应具有一定的灵活性，随企业内外环境的变化而改变。当资本市场条件、利率水平、企业战略、企业治理结构以及股东发生变化时，企业应该随之做出股利政策决策，调整现行股利政策。

明确了企业财务管理中存在的问题以后，就能够确定决策目标。所谓决策目标，就是将要做出决策的问题要达到的目的和要求。确定决策目标是整个决策过程中必不可少的一个环节，不同的决策目标所需的决策分析资料不同，所采取的决策依据也不相同。因此，只有明确决策目标，才能有针对性地做好各个阶段的决策分析工作。

财务决策的目标因决策方案的性质不同而不同。如果抽象掉风险因素，财务决策只涉及收益，则可以收益最大为目标；若收益既定，财务决策只考虑风险时，则以风险最低为目标；若需同时兼顾收益与风险时，则应以企业价值最大化为目标。

2. 根据决策目标，提出备选方案

所谓方案，无非是指解决问题以达到目标的方法及途径的综合设计。企业根据发现的问题及确定的目标，对所搜集的资料进行进一步的加工、整理，即可提出实现目标的各种可供选择的方案，即备选方案。

拟订方案时，原则上要求整体详尽性和相互排斥性相结合。整体详尽性是指所拟定的方案应尽量包括所有能找到的方案；相互排斥性则是指在不同方案中只能选用一个方案。拟定方案与选择方案往往无法截然分开，一般情况下，是先拟定一批，初次淘汰一些，补充修改一些，再选择。如此反复进行，直到选到满意方案为止。

3. 分析评价，选择最优方案

决策的核心就是做决定，即选择最优方案。备选方案提出后，企业根据决策目标，采用淘汰法、排队法、归类法等经验判断法或优选对比法、边际贡献法、数学微分法、线性规划法、概率决策法、损益决策法等数量分析法分析、评价各种方案的经济效益，进行综合权衡，从中选择最优方案。对单一方案可行性决策时，也可利用经验判断法和数量分析法对其进行综合分析评价，通过与最低标准比较，决定其是否可行。

选择最优方案，关键在于正确地选用评价方案的标准。其标准一般包括三个方面：技术的可行性、目标的先进性和经济的合理性。

此外，评价方案时，还要注意如下几个问题：一是要注意决策所依据的信息是否全面、及时、可靠；对不够可靠的信息要有应变计划、防范措施和补救手段。二是要注意考虑方案如何执行、由谁执行、何时执行及执行过程中如何检查等问题。三是在比较评选方案时，要注意各方案的相同点，更要注意方案差异。因为只有找出方案之间的差异，才能更加了解方案优劣。四是要充分估计在方案执行过程中的形势变化及可能引起的新问题。五是要对方案做敏感性分析，使决策保持一定的弹性。

（二）财务决策方法

财务决策的基本方法包括优选对比法、数学微分法、线性规划法、概率决策法、损益决策法等。

1. 优选对比法

优选对比法是把各种不同方案排列在一起，按其经济效益的好坏进行优选对比，进而做出决策的方法。优选对比法是财务决策的基本方法。优选对比法按其对比方式的不同，又可分为总量对比法、差量对比法、指标对比法等。

（1）总量对比法。总量对比法是将不同方案的总收入、总成本或总利润进行对比，以确定最佳方案的一种方法。

（2）差量对比法。差量对比法是将不同方案的预期收入之间的差额与预期成本之间的差额进行比较，求出差量利润，进而做出决策的方法。

（3）指标对比法。指标对比法是把反映不同方案经济效益的指标进行对比，以确定最优方案的方法。例如，在进行长期投资决策时，可把不同投资方案的净现值、内含报酬率、现值指数等指标进行对比，从而选择最优方案。

2. 数学微分法

数学微分法是根据边际分析原理，运用数学上的微分方法，对具有曲线联系的极值问题进行求解，进而确定最优方案的一种决策方法。在用数学微分法进行决策时，凡以成本为判别标准的，一般是求极小值；凡以收入或利润为判别标准的，一般是求极大值。在财务决策中，最优资本结构决策、现金最佳余额决策、存货的经济批量决策都要用到数学微分法。

3. 线性规划法

线性规划法是根据运筹学原理，对具有线性联系的极值问题进行求解，进而确定最优方案的一种方法。在有若干个约束条件（如资金供应、人工工时数量、产品销售数量）的情况下，这种方法能帮助管理人员对合理组织人力、物力、财力等做出最优决策。

4. 概率决策法

这是进行风险决策的一种主要方法。这种方法考虑到财务管理中的风险性，用概率法来计算各个方案的期望值和标准差系数，并将它们结合起来分析评价方案的可行性，进而做出决策。这种方法往往把各个概率分支用树形图表示出来，故有时也称之为决策树法。

5. 损益决策法

这是在不确定情况下进行决策的一种方法。在这种情况下决策是十分困难的，财务管理中常采用最大最小收益值法或最小最大后悔值法来进行决策，统称为损益决策法。最大最小收益值法又称小中取大法，是把各个方案的最小收益值都计算出来，然后取其最大者。最小最大后悔值法又叫大中取小法，是把各方案的最大损失值都计算出来，然后取其最小者。

七、筹资决策方法

财务决策从筹资决策开始，筹资决策主要解决资金来源的类别及比例、具体筹资方式、长短期资金选择及其比例确定问题。

（一）筹资渠道与筹资方式

筹资需要经过一定的渠道，运用一定的筹资方式来进行，不同的筹资渠道与筹资方式各有不同的特点，需要加以具体分析。

1. 筹资渠道

筹资渠道指的是企业取得资金的来源。

（1）筹资渠道的种类。企业资金的来源直接受到社会经济结构和政府管理资金政策及体制的影响。企业主要的资金来源渠道有：

1）国家财政资金。长期以来，国家投资一直是我国国有企业获取自有资本的基本来源。1985年，我国全面实行国家投资由国家预算拨款改为国家贷款的政策，国家对企业的投资逐步改无偿拨款为有偿拨款。国家贷款是指国家通过银行贷款方式为企业提供的资金。它来自中央和地方财政，是国家财政通过税收等手段所筹措和调配资金的一部分。企业筹措国家贷款资金是指企业根据国家产业政策和投资政策及投资项目需要向国家有关部门申请获取国家财政贷款资金。目前，国家对企业的贷款投资通过银行直接贷放和委托国家投资公司贷放，投资公司或银行起监督和媒介作用，贷款的决定权主要掌握在国家有关部门手中。

国家贷款的特点表现为：一是只有国有企业才可能采用国家贷款筹资方式，这一方式主要为大中型国有企业所采用；二是通过国家贷款筹取的资金一般都有规定的用途，这些资金主要用于企业固定资产投资，符合国家产业政策和投资政策的要求；三是国家贷款筹资往往利率较低，优于一般的银行借款；四是申请取得国家贷款的程序比较复杂。

2）银行信贷资金。1983年以前，银行只负责供应企业的短期流动资金，其地位不如财政。1983年以后，随着定额流动资金和基本建设资金的"拨改贷"，银行逐渐成为企业筹资的重要渠道。目前，国有企业的各种资金需要，如固定资产、定额流动资金、结算资金等，绝大多数通过银行渠道获取。

银行贷款是企业筹资的一种方式，它具有许多优点，具体表现在：一是银行可以从国民经济全局利益出发，通过利率高低、贷款额多少，对某些需要发展或经济效益好的企业和产品给予资金上的支持；而对本身经济效益或社会效益差的企业和产品进行资金上的限制，从而起到宏观调整、引导企业资金合理流向的作用。二是由于银行贷款必须到期还本付息，因此能够促进企业合理有效地使用资金。三是银行贷款成本低，通常低于发行债券、股票、租赁固定资产等方式，因此，企业在筹措资金，尤其是筹措长期资金时，应尽量利用这一方式。目前，向银行贷款是我国企业筹资的重要途径之一。据统计，我国国有企业流动资金的约70%、固定资金的约30%来自银行贷款。因此，银行贷款在企业资金筹集中具有重要地位，企业应积极有效地运用这一筹资渠道。

3）非银行金融机构资金。商业银行和专业银行以外的金融机构统称为非银行金融机构。非银行金融机构资金是企业长期资金的重要来源。非银行金融机构又主要包括以下五类：

①信用合作社。信用合作社资金来自社员的股金，除了对社员个人进行贷款以外，此类机构还运用部分资金投资于不动产和政府公债。②共同基金。共同基金也发行股票，但这种公司不从事直接生产经营，而是用筹集的资金投资于其他公司股票或债券。共同基金是企业长期资金的重要来源。③养老基金。筹集的养老基金在没有动用之前，通常由企业或专门的金融机构投资于风险小、收益高的股票或债券。一方面，养老基金成为其他企业的资金来源；另一方面，职工退休之后也可以保证获取足额的养老金。④保险公司。保险公司是指把资金从被保险者手中集中起来，当被保险者遭受损失时进行赔偿的一种非银行金融机构。通常，从资金获得到赔偿的时间间隔较长，且总体而言，赔偿以后还有剩余。这些暂时闲置和剩余的资金都可以用于投资。保险公司主要投资于政府公债、风险小的股票和企业债券，有时也提供中长期贷款，是企业的又一个重要资金来源。⑤租赁公司。租赁公司介于金融机构与实业公司之间，租赁公司筹集资金购买各种机器设备，然后租给实业公司。租赁公司营业租赁等于向企业提供了短期资金；其财务租赁业务又等于向企业提供了中长期资金。租赁公司的资金成为企业的一项重要资金来源。

非银行金融机构筹资具有的优点表现为：一是可以进行租赁、担保、咨询和委托业务；二是可以在国内办理业务，也可以办理利用外资的有关业务；三是民间金融组织资金供应灵活，服务项目、资金用途一般不受限制。因此，这类金融机构具有其特有的特征，企业可以从中筹措资金。

非银行金融机构筹资也具有一定的缺点，表现为：资金力量薄弱、资金使用时间短、利息和手续费高等。因此，企业应酌情加以利用。

4）其他企业资金。其他企业资金主要指企业之间，以延期付款或预收货款方式买卖商品时所取得的资金。就我国目前的情况来看，主要有预收货款和赊购商品两种。这种赊购商品延期付款或预收货款方式，可以缩短商品生产和流通时间，促进商品价值迅速实现，保证社会再生产的顺利进行。随着商品经济的发展，这种商业信用已经越来越受到企业家的重视和广泛应用。

5）企业自留资金。企业自留资金主要指企业内部积累。企业内部积累包括税后留利、固定资产基本折旧资金、大修理基金中当年未使用部分。企业内部积累是企业筹资的重要渠道之一。

6）居民个人资金。企业职工和居民个人的结余货币，作为"游离"于银行及非银行金融机构等之外的个人资金，可用于对企业进行投资，形成民间资金来源渠道，从而为企业所用。居民个人资金投资是近来发展起来的，也是今后企业筹资的发展方向。居民个人资金具有的优点有：一是居民个人资金使得资金融通多渠道、信用多样化，适应了我国商品经济发展的需要。资金运动是纵向的，商品流通却是横向的；纵向资金供应不能适应纵横交错的商品流通需要，单一的银行信用形式也无法满足多种多样的资金需求，而居民个人资金却能打破这些界限，适应企业的多种需要。二是居民个人资金能够满足企业不断增长的资金需求。随着商品经济的发展，财政、银行两个渠道已无法满足企业所需要的全部资金，而社会集资却能充分挖掘社会资金能力，把社会上的沉淀资金转化为生产建设资金。因此，企业筹资正在不断面向社会、面向市场，这不仅为老企业筹集部分生产经营资金，而且可以为地方兴办新企业筹集创业所需资金。

7）外商资金。外商资金是外国投资者以及我国港、澳、台地区投资者投入的资金，是外商投资企业的重要资金来源。

（2）对筹资渠道分析时应注意的问题。对以上筹资渠道分析时应注意以下问题：一是各种渠道的资金与流量的大小；二是每种筹资渠道适用于哪些经济类型的企业；三是每种筹资渠道适合采用哪些筹资方式；四是哪些筹资渠道已经被本企业利用了，哪些尚可开通等。

2.筹资方式

筹资方式是企业筹措资金所采用的具体形式。在市场经济中，企业筹资方式总的来说有两种：一是内源融资，即将本企业的留存收益和折旧转化为投资；二是外源融资，即吸收其他经济主体的资金，以转化为自己的投资。内源融资不需要实际对外支付利息或者股息，不会减少企业的现金流量。同时，由于资金来自企业内部，不会发生融资费用，使得内源融资的成本要远远低于外源融资。因此，它是企业首选的一种融资方式。但是，企业内源融资能力的大小取决于企业的利润水平、净资产规模和投资者预期等因素，当内源融资无法满足企业资金需要时，企业往往会转向外源融资。随着经济技术的进步和生产规模的扩大，单纯依靠内源融资已很难满足企业的资金需求，外源融资逐渐成为企业融资的主要方式。

（1）筹资方式的种类

筹资方式中的外源融资，包括以下种类：

1）股票融资。以发行股票形式筹措的资金比较稳定，对企业来说这部分资金不用偿还，可以长期运用。企业可以通过发行股票筹集资金，用于固定资产投资或补充自有流动资金，对企业的生产经营和业务扩展十分有利。但是我国《公司法》对企业发行股票的条件做了严格的规定，如发行股票的企业必须是股份制公司，公司资产规模须在 3000 万元人民币以上，有连续 3 年的盈利等。严格的限制性条件给大部分企业发行股票设置了一个很高的门槛，加上中小企业利用资本市场的制度和信息成本与主板市场存在不对称性，因此企业根本不可能到沪、深两大主板市场融资。一些极有增长潜力、具备较高企业经营管理水平、市场前景广阔的中小企业由于自身的资产规模小，远远达不到我国《公司法》对企业资产规模的限制条件，因此对这些企业来说，股票融资只不过是一个美丽的梦想。另外，目前我国股票市场的发展还很不完善，存在很多的问题，如股市投机性严重、恶意炒作、内幕交易等。目前我国股票市场的市盈率居高不下，股票换手率极高，广大投资者对股票投资的认识还存在偏差，大部分人只是为了赚取股票买卖的差价收入，而不是真正对企业投资。这些问题使得目前的股票融资难以成为我国大部分企业理想的融资方式。

2）债券融资。企业可以通过发行长期和短期债券筹措资金，用于固定资产投资和弥补流动资金不足。债券融资要求企业有投资回报快、效益好的项目，而且在偿债期内就能够有相当的投资回报。与股票融资一样，由于我国资本市场的不完善，企业债券融资也存在着不少问题。发行债券的企业也有资产规模的严格限制，而且要有良好的信用基础，但在目前我国社会条件下，大部分企业的信用程度很差，社会信用制度还不健全，这些都影响了债券融资活动的开展。

3）银行贷款。在计划经济条件下，银行贷款一直是我国企业主要的资金来源，商业银行贷款是过去 20 多年企业融资的主渠道，这种融资习惯对企业融资方式的影响直到现在仍然存在。银行贷款主要包括各种短期和中长期贷款。贷款方式主要有抵押贷款、担保贷款和信用贷款等多个种类。银行信贷资金来自社区居民、企事业单位和政府机构的各类存款。银行贷款有利于政府通过制定合理的信贷政策引导资金投向重点产业和重点领域，实现经济的跳跃式发展，因而是政府提倡发展的融资方式。

近年来，民营银行的发展和壮大，特别是以非国有股份为主的股份制商业银行的成立和发展，从根本上解决了国有银行信贷体制不活的问题，实现了完全市场化运作，阻止了体制内金融风险的生成。民营银行整体规模的不断扩大，引起了中国金融格局的变化，给企业融资提供了一个更加便捷、规范的渠道。随着我国中小企业的不断发展壮大，我国金融机构也在进行相应的体制改革以解决目前中小企业资金缺乏的现状。目前，我国先后颁布了多个旨在促进中小企业信用担保体系建立的法律法规，我国信用担保机构也纷纷成立，信用担保体系的成立为企业获取银行贷款提供了广阔的前景。

4）财政渠道拨款。我国计划经济时期，从财政渠道融资曾经是所有大中小企业唯一的资金来源。随着我国经济体制改革的深入发展，政府与企业的联系开始逐渐明朗，政府职能改革使得政府直接干预企业经营管理的现象日益减少，同时企业获得财政直接拨款的项目也少了很多。但是，作为用于国家产业政策扶持项目的财政拨款仍然是一些高新技术企业和国家重点产业企业可靠的和稳定的间接融资方式。20世纪90年代，一批比较成功的企业迅速扩大规模，被列入国家重点支持的大企业名单，成了财政拨款的主要对象和商业银行的稳定客户，证券市场的发展又为大企业的筹资提供了新的渠道。财政资金具有无偿、无息的特点，数量有限，开支的权限由各级政府的财政部门具体决定。根据政府履行职能的需要，运用财政资金主要是承担各种社会公益和社会长期发展的事业，充分发挥调控经济的杠杆作用，以弥补市场机制的不足，推动经济的快速发展。因为财政拨款是无偿无息的，可以承担一定的社会风险，可以帮助企业适当降低它们承担的风险负担，因此，争取财政拨款依然是企业获得资金支持的一条理想和畅通的渠道。

5）商业信用。商业信用是企业之间发生的与商品交易直接相联系的信用，具体表现为商品赊销、分期付款，以及以商品交易为基础的预付定金和预付货款。商业信用以商业票据作为债权债务的证明。因此，利用商业信用融入资金是通过商业票据进行的。这种融入资金的方式一般比较灵活，也比较方便，运用也比较广泛；但由此融入的资金，期限一般比较短，具有特定用途。商业信用的直接资金来源是存在交易关系的企业，区别于银行信用的特点，是只能在互相充分了解与信任的企业之间和在有商品交易的情况下进行的，范围受到比较多的地域和行业限制，超出一定的地域或者行业的范围，则需要获得银行信用的支持。但是商业信用的获得成本一般要比银行信用低，也没有抵押物的要求和因抵押物而产生的一系列资产评估、公证和登记手续费。如果中小企业的互相信用比较好，又有银行信用做后盾，利用商业信用进行短期的融资仍然是一种比较好的选择。

商业信用同银行信用有十分密切的关系，商业银行通过对商业票据的贴现和抵押贷款（票据贴现和票据抵押），使企业获得必要的资金来源。银行是商业信用间接的资金来源，严格合法的商业票据则有助于银行降低贷款风险，严格的法律制度与银行的贴现和抵押贷款是商业信用健康发展的条件。商业票据的这种融资方式的突出优点是融资成本低和手续简便，省去了与金融机构签订协议等许多麻烦，但由于它的融资受资金供给方资金规模的限制，也受企业本身在票据市场上知名度的限制，因此特别适合于大企业的短期融资。

6）民间金融。民间金融相对国有商业银行和非银行金融机构而言，是个人与个人之间、个人与企业之间的融资，包括借贷、集资和捐赠，形式多样，如亲戚朋友之间的私人借贷、民间招商、企业内部集资、个人财产抵押借款、当铺、钱庄、个人捐赠等。其特点是融资规模不大，主要来自民间资本，融资者对当地的企业经营状况和管理水平有比较详细的了解。由于民间金融的自身特点，决定了它主要是为当地的企业提供资金融通。在我国，民间风险投资体制的建设正在进行之中，而且主要是面向高成长性的高科技中小企业。由于民间融资的体制比较灵活，中小银行、信托投资公司等一些民间金融机构对当地企业的信用状况和经营状况有比较全面的认识，因而能够为经营良好的企业提供急需的资金。

7）租赁筹资。租赁是财产所有人将其财产定期出租给需要这种财产的人使用，并由后者向前者按期支付一定数额的租金做报酬的经济行为。租赁也是一种信用活动。租赁筹资为我国广大企业开辟了一条新的融资渠道，有利于调整企业的投资结构、生产结构，促进技术进步；有利于企业节约使用资金，提高资金利用率；有利于企业注重效益，并获得纳税方面的优惠。目前我国租赁筹资正日益呈现出其多样性和复杂性，并成为现代社会再生产过程中融资的重要组成部分。

（2）筹资方式比较

在当前经济体制改革下，企业筹资渠道发生了根本性的变化，筹资方式也开始多样化，这种多样化局面使企业面临如何选择筹资渠道与方式，才能使筹资成本最低、风险最小、获利最大的问题。筹资方式的比较主要从以下几个方面来考察：

1）资金成本高低。资金成本是企业为筹集和使用资金而付出的代价，包括筹资过程中发生的筹资费用和用资过程中支付的利息、股利等。筹资的渠道和方式多种多样，财务人员应综合考察各种筹资方式和渠道，实现最优筹资组合以降低资金成本。

2）筹资风险大小。一般来说，企业所用资金到期日越短，其不能偿付本金和利息的风险就越大；反之，资金到期日越长，企业筹资风险就越小。

此外，还要考虑筹资机动性大小、筹资的方便程度、筹资期限长短及用途限制等因素。

以上因素在不同程度上影响着企业筹资方式的选择，其中影响最大的是企业筹资成本、风险、机动性三大因素。现代企业筹资方式选择是个很复杂的问题，比较标准不同，做出的评价不同。财务管理人员必须从企业具体情况入手，分析各种筹资方式的优劣，分析企业自身的优劣，选择适合自身生产经营特点的筹资方式，维护企业的生存，并使企业不断发展壮大。

3. 筹资方式和筹资渠道的结合

以上企业筹资方式和筹资渠道之间并不是截然分开的，一定的筹资方式可能只适用于某一特定的筹资渠道，但同一渠道的资金通常可采用不同筹资方式取得，而同一筹资方式又往往可适用于不同的筹资渠道。

（二）资本成本计算方法

资本成本是资本的价格，是在市场经济条件下，由于资金所有权和使用权分离而形成的一种财务概念。从投资人角度来看，资本成本表示与投资机会成本和投资风险相适应的回报率；从筹资者的角度来看，资本成本表示公司为取得资金而支付的价格。

1. 资本成本的特征

资本成本具有以下特征：

（1）资本成本是资金所有权和资金使用权分离的结果。资本成本是资金使用者向资金所有者和中介人支付或负担的资金占用费和资金筹集费。因此，资本成本是市场经济条件下资金所有权和资金使用权分离的结果。

（2）资本成本具有不同于一般产品成本的某些特性。资本成本和产品成本的基本属性相同，都属于企业资金的耗费，企业要为此付出代价、支付费用，而这种代价最终也要作为收益的扣除项目从收入中得到补偿。但它们又存在区别，具体表现为：产品成本通过会计核算确定，是用于确定产品价值和产品价格的基础；资本成本则根据目前和未来的有关资料，采用一定的方法估算而来。

（3）资本成本与货币时间价值有联系也有区别。资本成本不同于货币时间价值。货币时间价值着重反映资金随着其运动时间的不断延续而不断增值的性质，是资金所有者在一定时期内从资金使用者那里获得的报酬；资本成本是指资金的使用人由于使用他人的资金而付出的代价。它们都是以利息、股利等来作为其表现形式，是资金运动分别在其所有者及使用者身上的体现。但二者也存在明显的区别，主要表现为：一是，货币时间价值表现为资金所有者的利息收入，而资本成本是资金使用人的筹资费用；二是，货币时间价值一般表现为时间的函数，而资本成本则表现为资金占用额的函数；三是，资本成本的基础是货币时间价值，它既包括货币时间价值，又包括投资风险价值。

2. 资本成本的种类

按照用途，资本成本可以分为个别资本成本、综合资本成本和边际资本成本。

（1）个别资本成本。个别资本成本指按照各种资金具体的筹资方式而计算确定的成本，如债券及股票筹资成本等。个别资本成本是比较各种筹资方式的重要标准。企业筹集资金有多种方式可供选择，不同筹资方式下的筹资费用与使用费用各不相同。通过计算和比较个别资本成本就能够按照其成本高低进行排列，从中选出成本较低的筹资方式。

（2）综合资本成本。综合资本成本指企业全部资金来源的总成本，它是个别资本成本加权平均计算的结果。综合资本成本是企业进行资本结构决策的基本依据。企业全部资金通常由多种筹资方式组合而成，这种筹资组合又有多个方案可供选择。综合资本成本的高低是比较各种筹资组合方案、进行资本结构决策的重要依据之一。

（3）边际资本成本。边际资本成本指每增加一个单位资金所需要增加的成本，它是综合资本成本的一种特殊形式。边际资本成本是进行追加筹资决策的重要依据。通过计算边际资本成本，企业能够对追加筹资量就单一筹资或组合筹资方式的资本成本进行比较，确定追加筹资的方案。

3. 决定资本成本高低的因素

决定资本成本高低的因素主要有：总体经济环境、证券市场条件、企业内部经营和融资状况及项目融资规模等。

（1）总体经济环境。总体经济环境决定了资本的供给和需求及预期通货膨胀的水平。总体经济环境如果发生变化，投资者就会相应改变所要求的收益率，从而影响资本成本。

（2）证券市场条件。证券市场条件包括证券市场流通的难易程度和价格波动程度。如果流动性不好，投资者买进或卖出证券困难，变现风险增大，要求的收益率就会提高；或者虽然存在对证券的需求，但其价格波动较大，投资风险增大，要求的收益率也会提高。

（3）企业内部经营和融资状况。企业内部经营和融资状况指企业经营风险和财务风险的大小。经营风险是企业投资决策的结果，表现在资产收益率的变动上；财务风险是企业融资决策的结果，表现在普通股收益率的变动上。如果经营风险和财务风险大，投资者就会要求有较高的收益率。

（4）项目融资规模。项目融资规模大，资本成本较高。比如，发行证券的金额很大，资金筹集和占用费用就会上升，而且发行规模增大还会降低其发行价格，由此增加企业的发行成本。

企业筹资决策不但需要选择适当的筹资方式，而且需要计算筹资成本，进行成本、风险及收益的权衡，实现企业价值的最大化。

4. 资本成本的计算

资本成本可以采用绝对数表示，但通常采用相对数表示，以便于对不同筹资方式之间的成本进行比较。资本成本的计算公式为：

资本成本 = 资金占用费 ÷（筹集的资金额 − 资金筹集费）

资本成本的具体计算公式随着筹资方式的不同而不同。

资本成本是一个预测的估计值，而不是精确的计算值。因为据以计算资本成本的各项因素都不是按照过去实现的数字确定的，而是根据现在和未来的情况确定的，今后可能发生变动。

不同的资金来源从性质上看，分为债权资金和自有资金两大类，二者在资本成本计算上也存在区别。个别资本成本的计算由此也分为债务资本成本计算和自有资本成本计算两大类。

（1）债务资本成本计算。债务资本成本主要包括借款成本及债券筹资成本。由于债务利息在所得税前列支，利息具有抵税作用，因此企业为此负担的实际成本是：

债务资本成本＝利息 ÷（1－所得税税率）

1）银行借款资本成本。银行借款资本成本主要是利息支出，利息支出可以在税前利润中扣除，借款费用支出通常较低，可以忽略不计。因此，其计算公式为：

借款资本成本＝年利息 ×（1－所得税税率）

有时，银行要求企业将借款的一定数额留存下来，作为企业在银行的存款，企业不能动用，以此分担一部分银行向企业贷款承担的风险。

在这种情况下，借款资本成本的计算公式为：

借款资本成本＝［年利息 ×（1－所得税税率）］÷（借款总额－补偿性余额）

2）债券资本成本。债券资本成本与借款资本成本的主要区别在于：一是债券筹资费用较高，不能忽略不计。债券筹资费用实际上减少了企业的实得资金数额，所以要将其作为债券发行额的减项予以扣除。二是债券发行价格与债券面值可能存在差异，计算其成本时要按照预计发行价格来确定其筹资总额。由此，债券资本成本的计算公式为：

债券资本成本＝［债券面值 × 债券年利率 ×（1－所得税税率）］÷（筹资总额－筹资费用）

3）融资租赁资本成本。融资租赁资本成本主要是企业为其支付的租金，这一租金虽然不能直接计入费用，但融资租赁固定资产与企业自有固定资产一样计提折旧，从而使租金以折旧的方式列入成本，抵减了所得税。因此，如果是按照固定比例支付租金，则其成本计算公式同债券筹资一样。如果租金是分期不等额支付，则需要计算租金的现值，求出贴现率数值。

（2）自有资本成本计算

自有资本成本包括普通股、优先股及留存收益成本等。由于自有资本成本中使用费用均是在税后支付，不存在抵税作用，因此其成本计算方法有别于债务资本成本。

1）发行股票筹资成本。股票筹资成本一方面取决于企业是否分配股利；另一方面取决于发行价格和发行费用。企业是否分配股利通常并不确定，因此，成本计算比较困难。

如果股利按照固定比例增长，则其成本计算公式为：

股票筹资成本＝D÷（筹资总额－筹资费用）＋G

式中：D为第一年的预期股利；G为股利的预期增长速度。

由于股利不能够在所得税前扣除，企业又必须向股东分配，因此，股票筹资成本通常要高于债券筹资成本。

2）优先股资本成本。优先股资本成本也包括股利和筹资费用，优先股股利一般按照固定的比率支付，类似于债券。与债券不同的是，其股利是税后支付。因此，优先股资本成本的计算公式为：

优先股资本成本=年优先股股利 ÷（优先股筹资额−筹资费用）

3）留存收益资本成本。企业在将盈利用于股利分配之后总会留存部分收益用于再投资。留存收益虽然不像其他筹资方式需要花费筹资费用，但它仍然存在资本成本。原因在于投资者将这部分收益再投资于企业，是期望从中获取更高的收益。这一期望收益即为留存收益的机会成本，构成企业留存收益的资本成本。一般情况下，留存收益资本成本的计算与普通股资本成本计算相同，区别仅仅在于普通股存在筹资费用，而留存收益没有筹资费用。

在以上各种筹资方式中，股票尤其是普通股资本成本相对较高。因为股利由税后利润支付，不能够减少所得税费用，因而加大了资本成本。另外，股票持有人承担的投资风险要高于债券持有人，其所要求的投资报酬率也就相对较高，从而进一步加大了资本成本。不同的筹资渠道，企业支付的成本和承担的风险不同。企业优化资本结构的目的就是要使企业筹集资本的成本最低、风险最小。自有资本由于没有节税效应，因而成本较高，但无须偿还，给企业带来的风险很小。债务资金由于利息可以进入成本，使得筹资成本较低，但必须偿还，给企业带来偿债和经营的风险较大。因此，成本和风险常常是一对矛盾，企业要通过资本结构的优化来降低筹资的风险和成本。

（三）资本结构决策

1.进行资本结构决策的重要性

资本结构是企业总资本，即长期资金中长期负债与所有者权益之间的比例关系，一般以长期负债占总资本的比重来表示。资本结构是企业财务结构的核心内容。财务结构即企业资产负债表右方项目的构成，不仅包括长期资金的内部构成情况，还包括长期资金与短期资金，即流动负债之间的构成情况。研究资本结构一般以短期资金用于满足企业临时性资金需求为假设前提。因此，以长期资金为研究对象的资本结构，由于其对企业财务状况影响更大、更深远，较之于财务结构更值得企业予以特别关注。研究资本结构实质上是研究企业是否要利用长期负债筹资方式问题。那么，长期负债筹资方式较之权益资本筹资方式有什么利弊特点？从资本形成的先后顺序看，企业先有权益资本，即股东提供的资本，而后企业因发展壮大有了新的资金需求，在股东提供的资本不能够满足企业资金需求时，企业才考虑利用长期负债筹资方式向债权人筹资。因此，企业利用长期负债筹资方式应以企业有新的资金需求为前提。

长期负债筹资方式较之权益资本筹资方式的最大优点是资本成本较低，具体表现为：一是利息率一般固定不变。当企业的资产息税前利润率高于债务利息率时，可使股东获得超额收益。二是利息费用在所得税前列支，可使企业实际少缴所得税。

长期负债筹资方式较之权益资本筹资方式的最大缺点是财务风险较大，具体表现为：一是债务资本不仅要求按期还本，而且要求按期付息；二是还本付息会导致企业大量的现金流出。企业的资产息税前利润率低于债务利息率时，会使股东利益遭受损失。

因此，利用长期负债筹资方式有利有弊。利用长期负债筹资方式，如何做到利大于弊，即是否存在着最佳资本结构，对于这一问题，西方财务管理专家已经研究了很多年，并形成了多种资本结构理论。但实质上这一问题也很简单，由于长期负债筹资方式所具有的优点，使企业产生了利用长期负债筹资方式的动机和行动；而由于长期负债筹资方式所存在的缺点，使企业又不能过分依赖长期负债筹资方式。因此，企业应该适度举债，确定自己企业最佳的资本结构，而要确定最佳资本结构，就必须进行资本结构决策。资本结构的决策方法有定量决策方法和定性决策方法两种。

2. 资本结构定量决策

企业进行资本结构决策即寻求最优资本结构或最佳资本结构的过程。最优资本结构是一种能够使财务杠杆利益、财务风险、筹资成本及企业价值实现最优均衡的资本结构。判断和衡量企业的资本结构是否最优的决策，有多种定量方法可供选择：

（1）加权平均资本成本最低法

资本成本是企业因筹集资本而付出的代价，包括筹资费用和用资费用。资本成本是企业投资项目的必要报酬率，是资本所有者要求得到的报酬率。需要注意的是，财务管理是面向未来的，所讲的资本成本不是历史成本，而是预计成本。债务的资本成本比较好预计，而权益的资本成本比较难以预计。企业的总资本成本是各项个别资本成本以各项个别资本占总资本的比重为权数的加权平均资本成本。从理论上讲，最佳资本结构是企业加权平均资本成本最低、企业价值最大时的资本结构。但是在实践中，我们很难将某个企业的最佳资本结构计算出来。因为，不同行业的企业其最佳资本结构有所不同，同一行业不同规模的企业其最佳资本结构有所不同，同一规模的企业处于不同的生产周期，其最佳资本结构有所不同，同一个企业处在不同的宏观经济条件下，其最佳资本结构也有所不同。

加权平均资本成本最低法是通过拟定有限几个资本结构备选方案，然后计算和比较各资本结构方案的加权平均资本成本，最后以加权平均资本成本最低的方案作为相对最佳或接近于最佳的资本结构方案。使用加权平均资本成本法应注意以下问题：

1）所拟定的资本结构方案是有限的，因此，所确定的最佳资本结构方案是相对的，而真正最佳的资本结构方案可能并没有找出来。

2）个别资本成本的计算并不一定令人信服。首先，个别资本成本的计算建立在预测的基础上，预测的准确与否将直接影响决策结果；其次，个别资本成本的计算方法分考虑资金时间价值和不考虑资金时间价值两种，显然考虑资金时间价值的方法更符合现代企业财务管理原则的要求。

3）加权平均资本成本中权数的计算应采用市场价值而不是账面价值。但对于非上市公司，其市场价值很难确定，即使对于上市公司，在资本市场发育不完善的情况下，其市场价值也很难令人相信。

4）加权平均资本成本的计算没有考虑流动负债。加权平均资本成本是基于假设企业的流动负债主要用于企业临时性的资金需求，不会对企业的财务结构产生太大的影响；然而，流动负债是否主要用于满足企业的临时性资金需求，这个问题不容忽视。总之，对加权平均资本成本法不能太过于相信，而只能作为决策的参考。

（2）财务杠杆与经营杠杆分析法

财务杠杆是指负债比率的较小变动（息税前利润固定不变）可以使股东收益率有一个更大的变动，或者说，是指息税前利润的较小变动（负债比率不变，额度不变，因此利息不变），可以使股东收益率有一个更大的变动。财务杠杆作用的大小，用财务杠杆程度或称财务杠杆系数反映。其计算公式为：

财务杠杆系数＝股东收益率的变动率÷息税前利润的变动率＝息税前利润÷（息税前利润－利息）

财务杠杆系数表示股东收益率的变动率是息税前利润变动率的倍数。从财务杠杆系数的计算公式可以看出，只要有负债，有利息费用，财务杠杆系数就会大于1，就有财务杠杆作用。当息税前利润与利息相等时，财务杠杆系数趋向无穷大；当息税前利润大于利息并呈增长趋势时，财务杠杆系数由无穷大而逐渐变小，直至趋近于1。如果财务杠杆系数等于1，意味着没有利息费用，没有负债，没有财务杠杆作用。财务杠杆系数趋向无穷大，意味着息税前利润与利息相等，即税前利润为零，企业处于盈亏临界状态、损益平衡状态，这时企业有很大的亏损风险。因此，能否按期还本付息也具有很强的不确定性，即财务风险很大。随着企业息税前利润的逐渐增加，财务杠杆系数不断变小，企业从盈亏临界状态走向盈利状态，而且安全边际越来越大，因此财务风险越来越小。由此可见，企业财务风险的大小与企业利润水平及其确定性程度密切相关。

经营杠杆是指销售量（或销售额）的较小变动（企业固定成本保持不变），可以使企业的息税前利润有一个更大的变动。经营杠杆作用的大小用经营杠杆程度或称经营杠杆系数来反映。其计算公式为：

经营杠杆系数＝息税前利润变动率÷销售量的变动率＝边际贡献÷（边际贡献－固定成本）

经营杠杆系数表示息税前利润变动率是销售量变动率的倍数。从经营杠杆系数的计算公式可以看出，只要有固定成本，经营杠杆系数就会大于1。当边际贡献与固定成本相等时，经营杠杆系数趋向无穷大；当边际贡献大于固定成本并呈增长趋势时，经营杠杆系数由无穷大逐渐变小，直至趋近于1而不等于1。经营杠杆系数等于1，意味着没有固定成本，这是不太可能的事情。经营杠杆系数趋向无穷大，意味着边际贡献与固定成本相等，即利润为零，企业处于盈亏临界状态、损益平衡状态。这时，企业的销售量为盈亏临界销售量，销售量的稍微增加就会盈利，销售量的稍微降低就会亏损，因此经营风险很大。随着企业边际贡献及销售量的逐渐增加，经营杠杆系数不断变小，企业从盈亏临界状态走向盈利状态，而且安全边际越来越大，所以经营风险越来越小。

总起来看，财务杠杆程度的确定应以经营杠杆程度为依据。财务风险的大小一方面取决于负债水平；另一方面取决于经营风险的大小。

企业只要不借债就可以回避财务风险，但经营风险不可回避。企业只要借债就有财务风险。企业借多少债，把财务风险控制在什么程度，要看企业利润水平的高低及经营风险的大小。一个企业如果经营杠杆程度高、经营风险大，就不应该确定过高的财务杠杆程度，就不应该过多借债、冒太大的财务风险。

（3）权益资本利润率与债务资金利息率比较分析法

权益资本利润率是净利润与股东权益之比，它代表着股东所得，是股东最关心的指标。因此，是否有利于促进权益资本利润率的增长，是用来判断企业财务行为是否正确的标准。债务资金利息率是债务利息与债务本金之比，它代表了企业债权人的所得，是企业向债权人支付的报酬率。债务资金利息率一般固定不变，而权益资本利润率一般浮动变化。显然权益资本利润率应高于债务资金利息率，而且是越高越好。

一般地讲，只要权益资本利润率高于债务资金利息率，资本结构就合理，可以多举债；如果权益资本利润率低于债务资金利息率，资本结构就不合理，就应该少借债或者不借债。权益资本利润率与债务资金利息率之间的关系可以用下面的公式来反映：

权益资本利润率＝资产息税前利润率＋（资产息税前利润率－利息率）×负债÷权益资本×（1－所得税税率）

式中，资产息税前利润率＝息税前利润÷总资产×100%＝息税前利润÷（权益资本＋债务资金）×100%。

企业息税前利润是企业全部资产包括权益资本和债务资金运用的结果，资产息税前利润率是企业全部资产的回报率。不管资产息税前利润率有多高或多低，债务资金的利息率固定不变。资产息税前利润率高于或低于利息率的部分由股东承担，因此，股东的权益资本利润率是浮动的。如果资产息税前利润率高于利息率，则权益资本利润率就会上升，而高于资产息税前利润率，这时负债率可以调高一些，但不能认为越高越好，因为随着负债率的升高，利息率也会上升；如果资产息税前利润率低于利息率，则权益资本利润率就会下降，而低于资产息税前利润率，这时负债率应该调低一些。

（4）每股利润或权益资本利润率无差别点分析法

每股利润指标适合于股份有限公司，是净利润（扣除优先股股利）与普通股股数之比。权益资本利润率指标适合于任何企业，是净利润与股东权益之比。每股利润或权益资本利润率无差别点分析法与权益资本利润率和债务资金利息率比较分析法有相似之处，它们都以能够提高企业每股利润或权益资本利润率的资本结构即为合理的资本结构作为理论基础。

每股利润或权益资本利润率除了受企业财务结构的影响之外，还受企业息税前利润水平或销售水平的影响。每股利润或权益资本利润率无差别点分析法是研究追加筹资问题的方法，即在现有财务结构情况下，需要追加筹资，是采用权益筹资方式筹资，还是采用负债筹资方式筹资，决策的标准是看在当前息税前利润水平上采用哪种筹资方式，其每股利润或权益资本利润率更高；而决策的依据是每股利润或权益资本利润率无差别点。每股利润或权益资本利润率无差别点是指不论是采用权益方式筹资，还是采用负债方式筹资，每股利润或权益资本利润率相等时的息税前利润水平或销售水平。无差别点以下应采用权益方式筹资，无差别点以上则应采用负债方式筹资。

以上对定量决策方法要予以重视，但不能迷信。使用定量决策方法可以使分析过程深入而具体，避免笼统和主观臆断，而且数学方法逻辑性强，能使我们清楚地了解解决问题的思路。但是，经济事件往往影响因素很多，而数学所能考虑的影响因素有限，许多数学公式和模型的成立有着许多假设条件。因此，定量决策方法中的计算数据比没有要强得多，但我们不能迷信这些计算数据，计算数据并不是未来的实际结果，它只是为我们指明了经济事件的发展方向。决策过程中没有定量的分析不行，但只有定量的分析也不行。决策者在定量分析的基础上应结合实践经验和客观实际情况，找出定量分析过程中未能考虑或未能充分考虑的影响因素进行定性分析，以作为定量分析的必要补充。

3.资本结构定性决策

企业资本结构安排与规划受许多因素的制约和影响。设计企业的资本结构必须充分考虑以下两方面的因素。

（1）企业内部因素的决策分析

企业内部因素的决策分析要考虑以下几点：

1）企业增长率对资本结构的影响。企业成长性越强，意味着在一定时期内需要多投入资金，从而需要多融通资金。成长性强的企业即使获利水平不低，仅仅依赖保留盈余显然不够。此外，成长性强的企业往往有着良好的未来前景，通常不愿意过多地发行新股，以免分散老股东的控制权，稀释每股收益。从20世纪80年代以来，我国经济处于高速增长阶段，需要大量的资金，为满足资金需要，企业不得不对外负债，导致负债增加。

2）企业投资项目的性质和生产技术配备的能力与结构。确定和保持合理的筹资来源结构，应当从投资项目建设周期、现金流量和企业自身实际生产经营能力、技术状况出发。投资项目建设周期短、现金净流量多、生产经营状况好、产品适销对路、资金周转快，可以适当提高资产负债比率，提高短期资金比例；对于存货积压严重、资金周转缓慢的企业，确定高的资产负债比率则比较危险。另外，产品结构比较单一的企业，自有资本比例一般应大一些，因为这类企业内部融通资金选择的余地较小；相反，产品结构多样化的企业，因为内部融通资金的余地较大，只需适当提高自有资本的比例。

3）企业获利能力对资本结构的影响。根据融资顺序理论，企业融资的顺序依次为：保留盈余、长期借贷、发行债券及发行股票。因此，企业获利能力高，企业就有可能保留较多的盈余，这样可以部分地满足企业对资金的需要，存在减少负债的可能性；相反，如果企业获利能力不足，就不可能保留足够的盈余，只能依赖负债的增加。近年来，我国国有企业大面积陷入经营困境。

4）企业股利决策对资本结构的影响。企业股利决策也是一种融资政策。在西方财务理论研究中，往往把资本结构和股利决策结合起来分析，不同的股利决策方案可以设计不同的资本结构。比如，实施高股利决策和剩余股利决策就应该与较高的负债经营相匹配，低股利决策和不规则的股利决策方案应该慎重推行风险较高的资本结构。

5）资金使用结构。设计企业的资本结构还需要考虑资金的使用结构，重点是企业流动资产与固定资产的数量关系。因为固定资产变现性比流动资产差得多；同时，也不能忽视有形资产与无形资产的结构比率，有时候无形资产并不能够成为负债经营和筹集长期资金的物资担保。

6）管理者的态度对资本结构的影响。管理者的态度包括对企业控制权及对待风险的态度。增加权益资本有可能稀释原有所有者权益和分散经营权，从而对企业所有权和经营权的控制造成影响；但是过多地使用负债会增加企业风险。我国企业的主体是国有企业，企业所有者是国家，因此，企业不论是负债融资，还是权益融资都不会影响管理者对企业的控制权和经营权，我国管理者的态度一般不会对资本结构产生影响。

（2）企业外部因素的决策分析

企业外部因素的决策分析要考虑以下几个问题：

1）不同社会经济环境状况。在社会经济增长或者在政府鼓励投资时期，提高企业负债率，多负担一些债务，充分利用债权人的资金从事投资和经营活动，可以增强企业的发展能力，获得较高的经济效益，企业有能力承担较大的还款和付息压力；反之，在经济处于衰退时期，应当采取紧缩负债经营的策略，减少遭受损失和破产的风险，谋求较低的盈利。

2）行业因素对资本结构的影响。不同行业的资本有机构成存在差异，企业资本有机构成的高低主要取决于企业所处行业生产经营业务的特点。资本有机构成高的企业，经济规模要求的投入资本起点较高；反之则相反。我国虽然存在行业差别，但企业的资金来源历来主要由国家投入或从银行取得，因此，行业因素对我国企业的资本结构没有明显的影响。

3）金融市场运行状态。现代企业筹资与金融市场水乳交融，企业资本结构决策重要的外部因素就是金融市场运行的状态。如果货币市场相对于资本市场来说比较发达、完备与健全，企业则可以适当地提高流动负债的比重，因为增加流动负债规模可以适当地降低企业筹资的成本；反之，就需要扩大长期资金的规模以减少筹资风险。金融市场活跃、股价高涨时期，则应当以股本筹资为主。

4）信用等级评定机构或贷款人的态度对资本结构的影响。信用等级评定机构或贷款人的态度往往成为企业扩大融资和选择融资种类的决定因素。纵然企业对未来充满信心，认为可以超出企业能力大胆地运用财务杠杆，但此时贷款人的态度未必与企业一致。如果企业负债过高，信用评定机构对企业的信用评价会较低，此时要想获得贷款会比较困难，或需要以较高的资金成本才能够获得贷款。我国在银行体制方面，目前各个专业银行并不是真正意义上的商业银行。国有银行与国有企业同属于国家所有，缺乏债务约束力；同时，银行利率单一，利率体系缺乏调节功能，银行贷款利率不随着企业财务状况和企业资本结构的变化而变化，企业并没有真正意识到其应当承担的风险，因此造成了严重的高负债。

5）所有者、债权人、经营者及社会等方面能够接受和承担的风险范围。企业举债经营比率偏高对整个社会经济发展具有不利的影响，容易导致企业本身经济效益的下降甚至出现亏损和破产，加深整个社会经济发展的动荡，引起通货膨胀，不利于产业结构的转变。因此，企业资本结构应当依据所有者、债权人及社会大众等普遍接受的风险程度加以设定。

八、股利分配决策

利润是企业进行资本营运的结果。利润分配就是在会计年度结束后，企业将本年度实现的净利润在留存积累与对投资者分红之间进行安排。利润分配决策主要涉及利润分配的项目、分配顺序、各个项目分配的比例及股利形式等问题。其中，利润分配的项目、顺序以及法定项目提留的比例需要遵从国家相关的法律法规的规定，企业真正具有自主权的是提取法定公积金，法定公益金后属于普通股东的利润分配，即股利支付率的确定。因此，股份制企业利润分配财务管理决策主要集中于股利分配政策的选择和股利形式的确定。

（一）影响企业股利政策的因素

企业在确定收益分配政策时，应综合考虑各种影响因素，结合自身实际情况，权衡得失，从优选择。企业的股利政策受到许多因素的影响，主要表现在如下几个方面：

1. 法律因素

有关的法律主要有《公司法》《证券法》等，在这些法律中，为了保护企业债权人和股东的利益，做了如下的限制：

（1）资本保全。企业必须保有充分的权益资本以维护债权人利益，法律规定企业不能用募集的经营资本发放股利。我国法律还规定企业的溢缴资本也不能发放股利。

（2）企业积累。规定企业的年度税后利润必须提取 10% 的法定盈余公积金，同时还鼓励企业提取任意盈余公积金，只有当企业提取公积金累积数额达到注册资本 50%时才可以不再计提。

（3）净利润。规定公司账面累计税后利润必须是正数时才可以发放股利，以往年度的亏损必须足额弥补。

（4）偿债能力。规定公司如果要发放股利，就必须保有充分的偿债能力。企业如果没有充分的现金准备以支付到期债务，即使经营能够获利，要支付股利就得变卖现有资产，这样做除影响公司经营外，公司债权人的利益也会受到严重威胁。

（5）超额累积利润。企业发放给股东的股利，股东要缴纳个人所得税，而股票交易的资本收益可能免税或税率较低，企业可以积累利润使股价上涨从而帮助股东避税。我国法律对企业累积利润未做限制性规定，但许多国家的法律是反对企业超额累积利润的。

2. 企业因素

影响企业股利分配政策的企业因素包括企业资产的流动性、举债能力、投资机会等。

（1）流动性。较多地支付现金股利会减少企业的现金持有，使企业资产的流动性降低，企业为了保持适当的支付能力，需要设定一定的资产流动性目标，保持现金及其他适当的流动资产。

（2）举债能力。由于企业的盈利能力、资本结构和信誉度不同，不同的企业在资本市场上的举债能力有一定的差别。举债能力较强的企业往往采取较为宽松的股利政策；相反，则采取较为紧缩的股利政策。

（3）投资机会。企业的投资项目要求有坚强的资金后盾来支持，资金的需求量对公司的股利政策又有较大的影响。倘若企业有良好的投资机会，就会把大部分利润用于再投资；反之，企业将倾向于先向股东支付股利。

3. 股东因素

这方面的因素主要有稳定的收入、控制权的稀释、避税等方面。

（1）稳定的收入。某些股东依赖企业发放股利维持生活；或者是他们认为企业利用利润带来新收益或股票交易价格上升产生资本收益有很大的不确定性，这样，他们往往希望企业能够支付稳定的股利，对他们来说，与其为确定的未来因素所困惑，不如得到实实在在的现有股利。

（2）控制权的稀释。企业如果通过增募新股的方式筹集资金，虽然企业原股东有优先认股权，但他们必须投入相当数量的现金，否则将面临股权被稀释的威胁。因此，当企业原有股东没有足够的现金去认购新股时，他们会选择放弃应分配的股利而反对增募新股。

（3）避税。由于税收政策的影响，不同的股东对股利的分配也持有不同的态度。税法规定，企业利润在征收企业所得税的基础上，还要对企业分配的股利向股东征收个人所得税。个人所得税一般采取累进税率制，这样收入水平不同的股东由于其应纳税率的不同，相应的应纳所得税税额也不同，进而对同一个股利政策就持有不同的态度。在我国由于目前对股息收入只采用20%的比例税率征收个人所得税，还没有采用累进税率，而且对股票交易所得暂不开征个人所得税，因而股票价格上涨比股利更有吸引力。

4.债务契约约束

企业在进行大笔的举债融资时，特别是长期债务，债权方往往对企业资金的运用（主要是对现金股利的分配）制定有一定的限制条件，其目的是保障债权人债权的安全性。这种限制条件主要有：一是限制动用以前的留存收益进行未来股息的支付；二是当企业营运资本低于一定标准时不得向股东支付股利；三是当企业的利息保障倍数低于一定的标准时，不得向股东支付股利。企业一旦同债权方签订有关的限制条件，企业的股利政策就会受到较大的影响。

另外，国家有关的宏观经济环境、金融环境等也会对企业的股利政策产生较大的影响，如通货膨胀、经济增长的速度等。

（二）股利政策的类型

企业经常采用的收益分配政策主要有以下几种：

1.剩余股利政策

所谓剩余股利政策，是指企业较多地考虑将净利润用于增加所有者权益（即增加资本或公积金），只有当增加的资本额达到预定的目标资本结构（最佳资本结构）时，才将剩余的利润用于向投资者分配。这种政策主要是考虑未来投资机会的影响，即当企业面临良好的投资机会时，在目标资本结构的约束下，最大限度地使用留存收益来满足投资方案所需的自有资金数额。

在这种分配政策下，投资分红额（股利）成为企业新的投资机会的函数，随着投资资金的需求变化而起伏，只要存在有利的投资机会，就应当首先考虑其资金需要，最后考虑企业剩余收益的分配需要。

这种政策的优点是保持理想的资本结构，使综合资金成本最低。缺点是每年发放的股利额可能变化较大，向市场传输企业经营不稳定的信息。

2. 固定股利政策

在这种政策下，公司在较长时期内都将分期支付固定的股利额，股利不随经营状况的变化而变动，除非公司预期未来收益将会有显著的、不可逆转的增长而提高股利发放额。采用这种政策的，大多数属于收益比较稳定或正处于成长期、信誉一般的公司。

这种策略的优点是：

（1）固定的股利有利于公司树立良好的形象，有利于公司股票价格的稳定，从而增强投资者对公司的信心。

（2）稳定的股利有利于投资者安排收入与支出，特别是对那些对股利有着很强依赖性的股东更是如此。

这种策略的主要缺点在于股利支付与公司盈利能力相脱节，当盈利较低时仍要支付较高的股利，容易引起公司资金短缺，导致财务状况恶化。

3. 固定股利支付率政策

采用固定股利比例政策，要求公司确定一个固定的股利支付比率，长期按此比率从净利润中支付股利。由于公司的盈利能力在年度间是经常变动的，因此每年的股利也应随着公司收益的变动而变动。这种政策的优点是保持股利与利润间的不定期比例关系，体现风险投资与风险收益对等。其不足之处在于，股利波动容易使外界产生公司经营不稳定的印象，不利于股票价格的稳定与上涨。

4. 低正常股利加额外股利政策

此政策即企业一般情况下每年只支付一固定的、数额较低的股利，当企业盈利有较大幅度增加时，再根据实际需要，向股东临时发放一些额外股利。

这种股利政策的优点是，它具有较大灵活性，可给企业较大的弹性。由于平常股利发放水平较低，故在企业净利润很少或需要将相当多的净利润留存下来用于再投资时，企业仍旧可以维持既定的股利发放水平，避免股价下跌的风险；而企业一旦拥有充裕的现金，就可以通过发放额外股利的方式，将其转移到股东的手中，也有利于股价的提高。因此，在企业的净利润与现金流量不够稳定时，采用这种股利政策对企业和股东都是有利的。

（三）企业股利形式的确定

大多数情况下，非股份制企业投资一般采用现金方式分红。但是，股份公司股利形式有一定的特殊性，它除了现金股利外，还存在其他股利支付形式。

1. 现金股利形式

它是指以现金支付股利的形式，是企业最常见，也是最易被投资者接受的股利支付方式。这种形式能满足大多数投资者希望得到一定数额的现金这种实在收益的要求。但这种形式增加企业现金流出量，增加企业的支付压力，在特殊情况下，有悖于留存现金用于企业投资与发展的初衷。因此，采用现金股利形式时，企业必须具备两个基本条件：一是企业要有足够的未指明用途的留存收益（未分配利润）；二是企业要有足够的现金。

2. 股票股利形式

它是指企业以股票形式发放股利，其具体做法可以是在公司注册资本尚未足额时，以其认购的股票作为股利支付；也可以是发行新股支付股利。实际操作过程中，有的公司增资发行新股时，预先扣除当年应分配股利，减价配售给老股东；也有的发行新股时进行无偿增资配股，即股东无须缴纳任何现金和实物，即可获得公司发行的股票。

股票股利是一种比较特殊的股利，它不会引起公司资产的流出或负债的增加，而只涉及股东权益内部结构的调整，即在减少未分配利润项目金额的同时，增加公司股本额，同时还可能引起资本公积的增减变化，但它们之间是此消彼长，股东权益总额并不改变。采用这种方式有以下几点好处：

（1）企业发放股票股利可免付现金，保留下来的现金，可用于追加投资，扩大企业经营；

（2）股票变现能力强，易流通，股东乐于接受，也是股东获得原始股的好机会。发放股票股利会因普通股股数的增加而引起每股收益的下降，每股市价有可能因此而下跌。但发放股票股利后股东所持股份比例并未改变，因此每位股东所持股票的市场价值总额仍能保持不变。

3. 财产股利形式

财产股利是以除现金以外的资产支付的股利，主要是以公司所拥有的其他企业的有价证券，如债券、股票等作为股利支付给股东。

4. 负债股利形式

这种股利形式比较少见，是指公司以负债形式支付的股利，通常以公司的应付票据支付给股东，在不得已的情况下也有发行公司债券来抵付股利。财产股利和负债股利实际上是现金股利的替代，这两种形式目前在我国公司实务中很少被使用，但并非被国家法律所禁止。

九、投资决策方法

投资是企业将财力投放于一定的对象，以期望在未来获取收益的行为。投资是一个多侧面的概念组。投资作为动态概念，描述投资行为的全貌，包括投资主体、目的及手段。投资作为静态概念，则反映投资主体、投入资金性质及使用方向等。

（一）投资活动的基本特征

从财务角度分析，企业投资一般具有以下特征：

（1）预付性。投资发生于实际经营活动开展之前，具有预付款的性质，这种投资预付款只有在投资形成生产经营能力或投资实际运转之后才能够收回。

（2）选择性。投资并非随时都可以进行，只有客观上存在投资的可能与必要时，投资时机才真正出现。

（3）流动性。投资过程中，投出资金不仅会在空间上流动，如跨国投资等，而且投出资金转化成的实物和证券等会产生形态上的流动。

（4）收益性。投资活动最终和长远的目标都是为了取得投资的收益。

（5）不确定性。投资收益只是在未来才能够获得，最终收益到底如何，事先难以知晓。

作为风险投资，通常具有以下一些特征：

（1）投资方向主要集中于高科技领域。风险投资就是对风险大的项目进行的投资。而风险大的项目往往是具有开拓性和创新性的项目，并且主要存在于高科技领域。风险投资追求的目标就是高科技成果商品化、产业化之后所能够获取的高资本收益。风险投资具有很强的选择性，技术创新成为风险投资的重点。从具体行业来看，风险投资主要集中在信息产业和生命科学领域。

（2）投资对象是处于发展初期、具有高速成长性的中小企业。

（3）投资方式以股权形式为主。风险投资具体包括购买可转换债券、优先股及认股权等形式。其特点有二：一是对风险企业投资通常不以取得对投资对象的控股权为目的；二是在对风险企业注入资金后，为了将风险降至最低，风险投资公司要参与对企业的管理，从管理上提供支持。

（4）属于高投入、高风险及高收益的投资。风险投资在对风险企业投入资金后，其股权未能售出之前，在企业发展的不同阶段都必须不断地注入资金。随着企业的发展和技术创新的进行，投入的费用会不断加大。

风险投资的失败率也比较高。据统计，由风险投资公司所支持的风险企业20%～30%完全失败、60%受挫、5%～20%获得成功。一旦获得成功，风险投资可以获得高额的投资收益。

（5）以公开上市为主要形式获得收益并退出投资。风险投资是一种中长期投资，对企业的投资年限通常在4年以上。风险投资公司在将资金投入风险企业、等待投资事业发挥潜力和股票增值之后，将股权转让以实现投资收益。风险投资的目的不是对被投资企业股份的占有和控制，而是使风险投资取得成功之后尽快地实现回报，再从事新的投资。

（6）一般都给予企业管理层和员工个人股。在风险投资创立的高技术企业中，技术专家的技术发明可以占有相当的股份，一般可以享有20%～25%的股权。有的国家为了照顾某些技术发明的权益，允许技术专家持股51%，在企业有了发展之后，按照事先约定的契约，购回其余49%的股份。

（二）投资活动的种类

投资活动可以有多种分类。

1. 按照投资发生作用的地点分类

投资活动按照发生作用的地点，可以分为对内投资和对外投资。

（1）对内投资。对内投资是为了保证本企业内部生产经营活动的顺利进行和扩大规模而进行资金投入的财务活动。对内投资是正常投资活动的主体。对内投资具体又分为流动资产投资、固定资产投资和无形资产投资三项内容。

1）流动资产投资。企业流动资产投资包括现金、应收及预付款项、存货及短期投资等。与内部其他投资相比，流动资产投资具有流动性强的特点，即变现需要的时间短、速度快。作为企业投资的重要组成部分，有效的流动资产投资对于企业增加盈利非常重要。流动资产投资具体又包括货币资金投资、应收账款投资、存货投资和短期证券投资等内容。这些内容的共同特点都是在满足生产经营需要、确保企业利润实现并不断增长的前提下，尽可能地降低这部分投资的资金占用量。

2）固定资产投资。固定资产投资指建造、购置及改造固定资产而进行的财务活动。从实物形态来看，它是利用新投入的资金建立和完善各种生产经营条件；从价值形态来看，它是为固定资产再生产投入资金。固定资产投资是企业生存和发展的基本保证。

固定资产投资同流动资产投资相比，具有单项投资数额大、投资回收期限长、对企业资金运动和经济效益影响深远的特点。因此，在确定企业固定资产投资政策时要充分进行投资方案的可行性分析，综合考虑技术上的先进性、实用性和经济上的合理性，选择投资少、见效快以及收益大的投资方案，避免决策失误。

3）无形资产投资。无形资产通常代表企业所拥有的一种法定权或优先权，或者是企业所具有的高于一般水平的获利能力。无形资产投资区别于有形资产投资，其特点表现为：

①无实体性。无形资产是通过企业卓有成效的经营活动和投资活动而获得的某种权利或一种观念。②独占性。无形资产投资单一，仅与特定的主体有关，与特定主体的持续经营紧密相连。③不确定性。除了法律规定有些无形资产的寿命具有确定的期限外，其余无形资产的有效期限难以准确计量，而且获得的收益与无形资产的投资不成比例关系，很难确定哪些投资已经收回，哪些投资没有收回及回收的具体期限等。

④具有长期超额收益的能力。无形资产会在较长的时期内为企业提供经济效益，并且有助于企业获取高于一般水平的收益。

无形资产投资按照构成内容，分为专利权投资、商标权投资、著作权投资、土地使用权投资、非专利技术投资及商誉投资等；按照形成原因和途径，分为通过企业自身开发、积累创立和形成的自制无形资产投资和通过投资从企业外部购买而拥有的外购无形资产投资两大类。

（2）对外投资。

对外投资指以现金、实物及无形资产等方式或者以购买股票、债券等有价证券方式对其他单位进行的投资。随着企业横向经济联合的开展，对外投资越来越重要。

2. 按照投资回收的时间分类

投资活动按照回收的时间，可以分为长期投资和短期投资。

（1）长期投资。长期投资指1年或者一个营业周期以上才能够收回的投资，主要指对厂房、机器设备等固定资产的投资，也包括对无形资产和长期有价证券的投资。

（2）短期投资。短期投资指能够并且也准备在1年或者一个营业周期以内收回的投资，主要指对现金、应收账款、存货及短期有价证券等流动资产的投资，长期有价证券如果能够随时变现也可以用于短期投资。

一般而言，长期投资风险大于短期投资。与此相应，长期投资收益通常高于短期投资，这种收益差别的基础是资金的风险价值，或者是风险因素导致长期投资的收益较高。

事实上，短期与长期投资的区分，并不一定取决于期限的长短，也非投资的形式或内容。因为长期投资和短期投资的投资形式或内容可能相同，如债务性证券、权益性证券及两者兼有的混合性证券等。对于企业而言，区分短期和长期投资的关键是从企业本身确定的投资目的加以判断。短期投资通常是为了获取高于日常银行存款利率的利息收入，提高企业短期闲置资金的利用率；在对外投资的同时，为了保证企业资金的流动性和短期偿债能力，因而要求投资回收期短并且变现能力强。长期投资的目的并非只是满足于获取短期的利息收入，还在于实现其长远的战略规划，如扩大综合经营规模、进一步发展企业经营业务、扩大市场占有率等，从而最终为企业取得长期、稳定增长的获利资源。

3. 按照投资的风险程度分类

投资活动按照风险程度，可以分为确定性投资和风险性投资。

（1）确定性投资。确定性投资指风险较小、未来收益可以预测的投资。进行这种投资基本上不需要考虑风险问题。

（2）风险性投资。风险性投资指风险较大、未来收益难以准确预测的投资。大多数战略性投资属于风险性投资，进行这种投资前应当考虑风险问题，要求采用科学的分析方法，做出正确的决策。

4. 按照投资在再生产过程中的作用分类

投资活动按照在再生产过程中的作用，可以分为初创投资和后续投资。

（1）初创投资。初创投资是指在建立新企业时进行的投资。其特点是投入资金通过建设形成企业的原始资产，为企业生产经营创造必备的条件。

（2）后续投资。后续投资指为巩固和发展企业再生产而进行的投资，包括为维持企业再生产进行的更新性投资、为实现扩大再生产进行的追加性投资、为调整生产经营方向进行的转移性投资等。从理论上讲，企业后续投资至少要维持以前投资的盈利水平，否则企业价值或者每股市价必然会下降。事实上，后续投资收益的水平通常要高于以前，这样企业才能够在竞争中不断地成长壮大。

按照风险与收益对等的原理，后续投资的风险相对较高。如果后续投资是原投资方向的继续，那么从产品生命周期的角度看，后续投资处在产品生命周期的后期阶段，有可能面临产品衰落的风险；如果后续投资的投向与原投资的方向不同，而是开辟一个新的投资领域，其收益的不确定性也会给投资带来较大的风险。

5. 按照投资项目的关系分类

投资活动按照投资项目的关系，可以分为独立投资、互斥投资和互补投资。

（1）独立投资。独立投资指可以不管任何其他投资是否得到采纳和实施都不受到显著影响的投资。这种投资的收入和成本也不会因为其他投资的采纳与否而受到影响。

（2）互斥投资。互斥投资指采纳或放弃某一投资就会显著地影响其他投资，或者对其他投资的采纳或放弃会使某一投资受到显著的影响。这种投资的收入和成本将会因为采纳或放弃其他投资而受到影响。

（3）互补投资。互补投资指可以同时进行相互配套的投资，如港口和码头、油田和油管都属于互相补充的投资。

投资分类与投资决策密切相关，独立投资不需要考虑其他投资的影响；互斥投资必须在多种投资方案中做出选择；互补投资必须考虑各种投资方案的相互配套。就这三种投资类型的风险与收益来说，独立投资的风险与收益也独立；互斥投资的风险与收益不仅独立，而且取决于投资项目的正确选择；互补投资的风险与收益与各个配套项目能够有效地互相补充有关。

在投资分类中，也有按照投资与企业生产经营的关系，将投资分为直接和间接投资两类。直接投资指把资金投放于生产经营性资产，以便获取利润的投资；间接投资指把资金投放于证券等金融资产中，以便取得投资利润和资本利息的投资。这种分类与实体投资和金融投资概念一致，只是角度不同。直接投资和间接投资强调了投资是否应当通过金融工具间接投放于生产经营领域，或者直接投放于生产经营领域；而实体投资和金融投资则强调投资的对象性。

（三）投资决策的原则

企业对外投资要想取得良好的投资效益，必须使投资决策科学化，即采用科学的方法，遵循科学的程序，经过有关专家或专门机构的可行性研究和科学论证，选出最优的方案。企业的投资活动应遵循以下原则：

1. 符合企业的发展战略

每个企业都有自己的长远规划和发展战略。投资企业可以根据自己的发展战略，投资组建各种类型的子公司。子公司与投资企业一起形成战略型企业集团，使投资企业成为一个具有生产经营和资本营运、实施集团发展战略、协调成员企业等多种功能的公司制企业。这样做的优势在于：

（1）有利于整体利益最大化。企业集团资本控制不是单纯以母公司或子公司利益最大化为目标，而是以企业集团整体利益最大化为目标。

（2）可持续发展。企业集团不只是顾眼前的效益，而是着眼于长远财富最大化，实现企业集团的可持续发展，获得长远利益。

（3）组合效应。在各公司之间使生产要素互补及扩大专业化分工程序，从而提高资源的利用效率，获得1＋1＞2的效果。

（4）规模经济效益。控制更多企业，扩大生产经营规模，产生企业规模扩大而带来的企业投资和经营成本的节约，获得较多利润。

（5）占有市场，减少竞争。靠集团优势提高产品的市场占有率，从而提升对市场的控制能力，提高产品对市场的垄断性，获得更多的超额利润。

（6）优化资本配置结构，获得资源配置效应。通过调整资本存量结构，加速资本资源向高效企业流动，提高资本的流动性和增值性。

2. 制定最低限度的投资回报率

企业选择投资项目时，对投资回报有一个期望值，期望值随投资项目的不同而不同。但是，项目的最低投资回报率必须大于企业投资成本，否则就没有投资价值。银行的贴现率和银行利率可以作为制定最低投资回报率的依据。在评价对外投资项目的经济效益、计算其回报率方面，可以采用净现值法、现值指数法、内含报酬率法等方法。

3. 风险识别原则

投资环境中总要伴随着许多不确定因素，如原材料、能源供应短缺，市场技术形势变化，竞争者的反击等。投资财务后果的不确定性即为投资风险。只有在投资项目中对风险加以充分考虑，才能确定是否投资。对投资项目进行风险识别就是对投资项目进行不确定性分析。其基本方法是通过计算收益、成本、投资等各类资金流变动，体现它们对项目净现值影响的敏感性。对项目未来不确定性的风险分布进行估计时，采用概率统计方法计算项目的期望净现值，实现从确定性分析到不确定性分析的跨越。

在项目未来具有不确定风险分布时，用期望净现值代替确定条件下的净现值。投资风险分析的常用方法是风险调整贴现率法和肯定当量法。

（四）投资决策分析的方法

企业投资决策方法的运用，要依赖一系列决策程序来进行。整个决策程序由在各个阶段运用各种不同的决策方法对项目的评价过程组成。因此，企业投资决策方法是投资决策的基本程序和整个决策过程中各种不同的评价方法的综合反映，其核心是项目评价方法。企业运用投资决策方法可以把各种行动方案的可能结果简单明了地表示出来，帮助决策分析者和企业最高决策层认识各种行动方案的本质并权衡利弊得失，最终做出合理的选择。

1. 投资决策的一般标准

在存在很多互相排斥的投资方案时，企业最高决策层必须在众多的备选方案中选出一个最优方案；即使面临的是单一投资方案，也要做出"采用"或"不采用"的选择。显然，企业在选择最优方案时应有一个客观标准。

进行投资决策的选优标准有许多种，具体而言，主要包括：一是收益最大；二是成本最小；三是收益与成本之比最大；四是承担可能遭受损失的风险最小；五是资金周转速度最快；六是企业发展速度最快；七是企业的市场占有率最大；八是企业的信誉最好。

事实上，对于任何一个具体的投资方案来讲，不可能同时满足上述所有标准。一般情况下，企业采用的选优标准往往是单一的，以第一项或第三项最多。企业面临更新改造决策时，多采用第二项标准。

2. 非贴现的分析评价方法

非贴现的分析评价方法是在评价投资方案的经济效益时不考虑资金的时间价值，而把不同时间的货币看成是等量的货币。所以，这类方法在选择方案时仅起辅助作用。非贴现的分析评价方法包括以下种类：

（1）投资回收期法。回收期即投资返本的年限，投资回收期法是根据回收原始投资额需要的时间进行投资决策分析的方法。

1）计算方法。投资回收期法的计算分为以下两种情况：

当原始投资一次性支出，每年现金流入量相等时：

投资回收期＝原始投资额÷每年现金流入量

如果每年现金流入量不等，则采用下列公式计算投资回收期：

$$项目投资总额 = \sum_{t=1}^{n} 现金流入量$$

例如，一个项目的初始投资额为200000元，其后几年现金流入量分别为5000元、

100000 元、100000 元和 20000 元，而且这些现金流入在 1 年中均衡收到。那么这一项目的回收期为 2.5 年。

具体计算过程是：在第二年年底，项目投资收回了 150000（50000 + 100000）元，第三年现金流入是 10000 元，相当于每 6 个月收回 50000 元，因此，到 2.5 年时，现金流入量恰恰与初始投资投入的 200000 元相等。

2）评价。投资回收期法的优点在于：一是这种方法不仅计算简单，而且易于理解，不需要针对特定项目、使用适当的机会成本做出任何假设；二是充分考虑了风险因素，对于投资者而言，投资回收越快，其安全系数就越高。

投资回收期法的缺点在于：一是回收期法忽略了货币的时间价值，因此，当两个项目的回收期一致时，即使在一个项目所有投资回收都发生在回收期的最后 1 年中，而另一个项目所有投资回收是均衡地发生在回收期各个年份的情况下，仍被认为相互对等；二是回收期法还忽略了回收期后的现金流动状况，即忽略了项目的"获利能力"。两个投资额相等的项目，如果直到回收期满每年产生的现金流动状况都一致，其回收期也就一致。但如果一项投资在回收期后不再有现金流入，而另一项目仍然有现金流入，很显然后一项目的净现值较高，而其实际获利能力却被低估。

（2）会计报酬率法。会计报酬率法是将项目产生的净收益作为项目的收益进行评价的分析方法。会计报酬率法最为常见的形式是项目的年平均收益与平均投资额的比率。年平均收益等于年平均现金流量减去年平均折旧额。应用会计报酬率法应注意以下几点：

1）应选择会计报酬率较高的项目。会计报酬率越高说明获利能力越强。当项目会计报酬率高于或等于行业基准报酬率时，则项目可行。

2）会计报酬率法的优点。会计报酬率法的优点在于：一是考虑了投资方案在整个寿命周期内全部的现金流量，这在一定程度上反映了项目的盈利能力；二是使用简便，可以使用财务报表中的数据。

3）会计报酬率法的缺点。会计报酬率法的缺点在于：与投资回收期法一样，也没有考虑货币的时间价值。由于会计报酬率的计算涉及期限远远长于投资回收期法，因此在这一点上，会计报酬率法忽视货币时间价值产生的后果远比投资回收期法严重。会计报酬率法一般不能独立使用。

企业进行投资决策时，只有按照投资决策的具体对象、时间，当时的经济及法律环境等因素，选择最适合自身的投资决策方法进行分析评价，才能保证决策的科学性。

3. 贴现的分析评价方法

由于资金的时间价值是客观存在的，因此过多地依靠非贴现的分析方法不可避免地会造成决策的失误。在投资分析中应以贴现的分析方法为主，非贴现的方法为辅。

贴现的分析方法主要有净现值法、现值指数法和内含报酬率法。

贴现的分析评价方法考虑了资金的时间价值，更能反映和把握客观实际状况，是在现代投资决策中广泛应用的方法。在很多投资决策项目中，贴现的分析评价方法常与非贴现的分析评价方法结合起来使用，以增强决策的系统性和科学性。

（1）净现值法。净现值法是在考虑货币时间价值的基础上，按照一定的利率分别计算一定期限内的现金流入量现值和现金流出量现值的差额，并对它们再进行比较的方法。这里的利率可以看作被投资者能接受的最低回报率。如果一个投资方案的预期获得水平超过这个回报率，就可以考虑接受；反之则舍弃。

净现值法的优点在于：一是考虑了货币的时间价值；二是考虑了整个项目期间的现金流入与流出情况；三是能够明确项目对企业的贡献，从而可以根据理财目标直接判断项目的质量。净现值法揭示了整个项目对企业贡献的大小，但并未揭示投资水平高低。

注意事项。应用净现值法应注意以下几点：

1）应选择净现值大的方案。如果净现值为正数，表明该投资方案的现金流入量现值大于现金流出量现值，该投资方案的投资报酬率大于预定的贴现率，该方案可行；如果净现值为负数，表明该投资方案的现金流入量现值小于现金流出量现值，该投资方案的投资报酬率小于预定的贴现率，该方案则不可行。

如果对几个可行的投资项目进行选择，则应选择净现值较大的投资项目。

2）折现率确定问题。折现率一般采用贷款利率或资金成本率表示；通常采用资金成本率更为恰当。当净现值为零时，说明按照贷款利率或资金成本率折现的现金净流量数值正好等于原始投资额。折现率越低，净现值越有可能成为正值，净现值越大；反之，折现率越高，净现值越有可能成为负值，净现值越小。也就是说，资金成本率高低对于项目收益有着重要的影响。

（2）现值指数法。

现值指数是指投资项目未来一定期限内现金流入量的现值同现金流出量现值之比。现值指数法是根据投资方案现值指数是否大于1来确定该方案是否可行的决策分析方法。

1）计算方法。现值指数法的计算公式为：

现值指数＝现金流入净额现值 ÷ 投资额现值

2）评价。现值指数法考虑了货币的时间价值和整个项目周期全部现金的流入与流出量。同时，由于现值指数以相对数表示，能够适用于投资项目不同投资额方案之间的比较分析。现值指数法不能揭示项目对企业贡献额的大小，不能依此判断股东财富的增加数。

3）注意事项。运用现值指数法应注意：

应选择现值指数较大的项目。根据计算结果，如果现值指数大于1，则说明现金流入量现值大于现金流出量现值，收益大于成本，项目可行；反之则不可行。

第三节 财务预算

一、财务预算概述

随着市场经济的发展，企业以实现整体效益最大化为目标，在现代财务管理过程中，越来越多的企业建立了以预算管理为主线的现代企业管理体系，通过权责分散、监督集中的方式，建立了健全的内部约束机制，从而规范财务管理行为，体现企业的整体优势，创造持续的竞争优势。

预算管理是指利用预算确定和实现企业年度经营目标的过程，是围绕企业的战略要求和发展规划，对预算期间内企业资源的配置、资金的取得和投放、收入和支出、经营成果及其分配等资金运作做出的具体安排。它是以年度预算为导向，以月度、季度滚动预算为控制手段，覆盖企业的生产、经营、管理各个环节，全员参与、全程跟踪与控制的管理过程，是落实经济责任制的依据。

（一）财务预算的概念

财务预算是一系列专门反映企业未来一定预算期内预计财务状况和经营成果，以及现金收支以等价值指标的各种预算的总称。包括现金预算、预计利润表、预计资产负债表。财务预算是企业全面预算的一部分，它和其他预算是联系在一起的，整个全面预算是一个数字相互衔接的整体。企业进行财务预算的意义是：

1.实行财务预算管理是现代企业管理的迫切需要

现代企业是组织社会化大生产的营利性组织，是市场经济的主体。为了求得企业的生存、盈利和发展，必须打破传统职能管理的界限，将企业视为一个整体，在战略目标及战略计划的指导下，注重企业内部综合协调管理，强化企业管理的计划、组织、控制和协调职能，只有这样，才能让所有职能部门和所属单位的目标与企业整体目标趋同，从而使得投资者的战略决策与经营者的管理行为相一致。这种管理格局无疑需要企业管理有一条主线，将企业各职能部门的管理工作和所属单位的生产经营活动贯穿起来，从而提高企业整体的管理效率和经济效益。发达国家成功企业的经验证明，这条主线就是预算管理。在国外，预算管理已经经过很长时间的应用和发展。在美国，90%以上的企业都要求实施预算管理；欧洲一些国家甚至要求100%的企业做预算。

因此，实行预算管理是企业管理的迫切需要，搞好企业预算管理并在管理中产生效益，是检验现代企业管理科学化的重要标志之一。

2. 实行财务预算管理是产权制度变革的必然选择

在传统的计划经济体制下，国家是国有企业唯一的投资者（或所有者）。投资者（或所有者）关心的中心是经营成果——首先是产品，其次是利润，管理者的管理中心当然与投资者相一致。随着我国经济体制改革的不断深入，企业的产权结构发生了变化，逐渐趋于多元化，出现了分散的多元化投资者群体。企业也出现了所有权与经营权的两权分离。分散投资者不仅关注企业当前的经营成果，而且关注企业未来的发展前景；不仅关注企业当前实现的利润，而且关注企业未来的盈利能力和发展能力；不仅关注利润的总额，而且关注利润的质量。

在这种情况下，为了适应投资者的需要，经营者对企业的控制和规划，当然也要从经营结果（利润预算）扩大到经营过程（业务预算和资金预算），并进而延伸到经营质量（资产负债预算和现金流量预算）。因此，推行预算管理是企业投资者和经营者在产权制度变革新形势下的必然选择。

3. 实行财务预算管理是现代企业财务管理适应财务活动性质变化的有效机制

随着市场经济的发展，我国的经济运行机制与企业体制都发生了巨大的变化。企业与国家、企业与企业、企业与金融机构、企业与职工之间的关系也发生了显著的变化，必须逐渐地按照市场经济规律与等价交换的原则运行。企业的财务活动已成为连接市场和企业的桥梁和纽带，不再是简单的资金收付活动，而是包括资金筹措、投资决策与日常管理等多项内容在内的十分复杂的活动。随着企业财务活动性质的转变，时代对企业财务活动的管理提出了更高的要求。

现代企业的财务管理，不仅要对不同的投资方案进行比较和选择，还要为企业的生产经营活动筹措资金，以及对资金的日常运用进行管理。企业能否有效地预算所需资金的金额，是否能有效地筹集资金，并将其配置在适当的地方等，这些企业财务活动的有效与否不仅关系到一个企业的生存与发展，而且将影响到整个社会经济的发展。因此，企业迫切需要建立一个与市场经济体制、现代企业财务活动性质相适应的财务管理机制。根据成功企业的经验，预算管理是市场经济条件下，现代企业实施财务管理的有效机制。

4. 实行财务预算管理是企业资本经营机制运行的必然需要

引入"资本"概念，开展资本经营是我国建立社会主义市场经济体制和现代企业制度过程中最有意义的进步之一。在市场经济条件下，企业存在的目的是追求利润，企业财务管理的目标是使企业和投资者得到最大限度的财富，即满足资本利润最大化的要求。要使资本能够真正实现利润最大化，就必须建立和完善资本经营机制，必须促使企业按照资本经营机制的内在要求进行运作，广泛有效地进行资本经营。

资本经营机制就是对资金有效管理、控制和运行的机制。预算管理是在科学经营预测与决策的基础上，围绕企业战略目标，对一定时期内企业资金的筹集、使用、分配等财务活动所进行的计划与规划，使生产经营活动按照预定的计划与规划进行流转和运动，以实现企业理财目标的有效管理机制，与资本经营机制的内在要求是一致的。因此，实行预算管理是企业资本经营机制运行的必然需要。企业要进行资本经营，必然要引入财务预算管理机制。

5. 实行财务预算管理是促进企业提高经济效益的有效途径

（1）以市场为导向，以销售为龙头，以产定销的财务预算管理，是连接市场与企业的纽带和桥梁。企业在实现理财目标的过程中，要解决的关键问题是把市场需求与企业内部资源有机地结合起来。通过预算管理，企业可以合理配置企业内部资源，以保证最大限度地满足市场需求，长期在市场上获得最大收益。

（2）在市场销售一定、销售价格一定的情况下，降低成本费用是提高经济效益的关键。在预算管理过程中，在对外扩大销售的基础上，企业始终坚持以成本费用控制为重点，从而为直接提高企业经济效益奠定了坚实的基础。

（3）预算管理实行程序化管理，通过自上而下、自下而上的"讨价还价"过程，企业将预算指标层层分解，落实到各责任单位，将经济效益目标落到实处，为提高企业经济效益提供了可靠的保证。

（4）企业预算管理的重心从经营结果（目标利润）延伸到经营过程（业务预算和资金预算），并进而扩展到经营质量（资产负债预算和现金流量预算），为提高经济效益提供了广阔的空间和时间。

企业编制财务预算应当按照内部经济活动的责任权限进行，并遵循以下基本原则和要求：

1）坚持效益优先原则，实行总量平衡，进行全面预算管理；

2）坚持积极稳健原则，确保以收定支，加强财务风险控制；

3）坚持权责对等原则，确保切实可行，围绕经营战略实施。

（二）财务预算的步骤

企业编制财务预算的步骤如下：

1. 分析企业经营环境以及竞争优势，确定并下达企业财务预算目标

企业董事会或经理办公会根据企业发展战略和预算期经济形势的初步预测，在决策的基础上，一般于每年9月底以前提出下一年度企业财务预算目标，包括销售或营业目标、成本费用目标、利润目标和现金流量目标，并确定财务预算编制的政策，由财务预算委员会下达各预算执行单位。

2. 编制上报

各预算执行单位按照企业财务预算委员会下达的财务预算目标和政策，结合自身特点以及预测的执行条件，提出详细的单位财务预算方案，于10月底前上报企业财务管理部门。

3. 审查平衡

企业财务管理部门对各预算执行单位上报的财务预算方案进行审查、汇总，提出综合平衡的建议。在审查、平衡过程中，财务预算委员会应当进行充分协调，对发现的问题提出初步调整的意见，并反馈给有关预算执行单位予以修正。

4. 审议批准

企业财务管理部门在有关预算执行单位修正调整的基础上，编制出企业财务预算方案，报财务预算委员会讨论。对于不符合企业发展战略或者财务预算目标的事项，企业财务预算委员会应当责成有关预算执行单位进一步修订、调整。在讨论、调整的基础上，企业财务管理部门正式编制企业年度财务预算草案，提交董事会或经理办公会审议批准。

二、财务预算目标

（一）确定财务预算目标应遵循的原则

1. 财务预算目标的作用

在编制财务预算之前，必须确定好财务预算目标。财务预算目标应与企业发展目标一致，而财务预算目标的实现应有助于企业长远战略目标的实现。编制预算就是制定近期的目标和方向，并通过执行使得预算管理目标落到实处，促使企业充分挖掘与合理利用一切人力、物力和财力，从而取得最大的经济效益。预算目标的确立，一方面可以起到引导企业各项活动按照预定规划进行、防止出现或及时纠正偏差的作用；另一方面还可以最大限度地激发企业员工的积极性，提高企业经济效益。具体而言，科学合理的财务预算管理目标具有以下作用：

（1）明确企业工作努力的方向。由于财务预算目标充分体现了企业整体规划与各级责任单位和个人具体计划相结合的思路，并详细列举了达到各目标拟采取的方法和步骤，因此它有助于各级责任单位和个人做到心中有数，了解自己的工作和岗位在企业整体生产经营活动中的位置，明白自身具体预算目标与企业整体预算目标之间的关系，认清为实现企业整体预算目标的努力方向。

（2）沟通、协调各级责任单位和个人的工作。财务预算目标的制订本身就是一个自下而上、自上而下的上下沟通、协调的过程。在这一过程中，企业内部各级责任单位和个人的利益都被考虑进去，并与企业整体利益取得一致。而好的预算目标更是能够起到沟通各方信息、协调各级责任单位和个人配合工作的作用，共同为创造企业经济效益最大化而奋斗。

（3）控制企业的日常生产经营活动。在日常生产经营活动中，企业预算管理者和执行者对企业财务预算目标加以对比、分析后，可以发现工作中的不足，使他们能够及时调整、监督预算的执行与落实，促使生产经营活动有序、稳定及高效地运行。

（4）提供考评与激励各级责任单位和个人的科学依据。科学合理的财务预算目标便于对各级责任单位和个人实施量化的业绩考核和奖惩制度，使企业在激励相关部门和人员时有了合理、可靠的依据，能够对员工实施公正的奖惩，以便奖勤罚懒，调动员工的积极性，激励员工共同努力，确保企业战略目标的最终实现。

2. 确定财务预算目标应遵循的原则

企业财务预算目标作为企业战略目标在特定预算期的具体体现，应适应企业长远战略目标实现的要求，而财务预算目标要通过预算的编制来体现，通过预算的执行、监督来落实。企业财务预算目标必须从企业自身情况和市场经济环境以及对未来发展趋势的预测出发来综合考虑制定，一旦确定，就应当在一定时期内保持其稳定性。在实际工作中，企业财务预算目标的确定应遵循以下原则：

（1）先进性与可行性兼顾原则。财务预算目标作为企业对未来生产经营活动的整体规划，自然要注意先进性原则，财务预算目标应高于企业现在已经达到的水平，实现进步需要企业上下一起努力奋斗方可实现，并有助于企业效益的提高。如果一味地强调目标制定的先进性原则，而忽视企业自身的技术、管理水平和历史情况等因素，制定的目标缺乏现实可行性，就会挫伤员工的积极性，在工作中产生望而却步的情绪，不利于改进生产和管理方式，无助于企业效益的提高。因此，在财务预算目标的确定过程中一定要兼顾目标的先进性和现实可行性。

（2）整体规划与具体计划相结合原则。财务预算管理与企业战略管理有着紧密联系，其目标的选择自然要充分考虑企业战略管理的要求，以便实现企业战略目标。因此，确定企业财务预算目标时，首先应有一个整体意识，凡事都要从全局出发，从企业整体的长远发展来考虑。然而，财务预算管理毕竟不同于企业战略管理，财务预算管理所跨时间一般是 1 年或更短，而企业战略的时间跨度往往是 3 ~ 5 年或更长；财务预算强调近期特定目标、任务的完成，企业战略则是对企业长远发展的一种战略定位和谋划；财务预算目标与企业战略目标相比应当更加具有操作性，其分阶段的实施将最终实现企业战略目标。因此，为便于实施、控制、考评和监督，还应注意财务预算目标的可分解性，它应当是一个由企业整体规划目标和分解后具有极强操作性的具体计划共同构成的有机体系。

（3）外部市场与企业内部条件相结合原则。财务预算目标不是主观臆想的，它必须以市场预测为基础，脱离市场这一现实基础的财务预算目标很难起到其应有的指导作用。在确定企业财务预算目标时，要充分考虑市场竞争与风险，包括产品市场、原材料市场、劳务市场和资本市场等各种与企业利益相关的市场价格、未来走向等因素；同时，应全面考虑企业内部条件，将外部市场与企业内部条件紧密联系起来，围绕市场做文章。财务预算目标的确定应当综合考虑外部市场与企业内部条件，将两者很好地联系起来，做出最优决策。

（二）财务预算目标的要求

确定财务预算目标能将企业的努力方向具体化、数量化，变成各部门、各层次职工的行动准则。这样不仅明确了企业的工作重点，而且提供了评价工作绩效的标准。预算目标的恰当与否关系到全面预算管理体系是否有效，其重要性不言而喻。

由于预算是决策结果的具体化，因此预算目标应该是决策目标的具体化，必须服从决策目标的要求。正确的财务预算目标要体现以下一些要求：

1.导向性

财务预算目标以资本增值为导向，充分反映企业的战略，有利于企业可持续发展和增强企业核心竞争力。

2.可操作性

在确定财务预算目标时应注意与战略目标区分开来。战略目标是企业面对激烈变化、严峻挑战的经营环境，为求得长期生存和不断发展而确定的总体性谋划目标。财务预算目标一般是年度目标，是对企业的短期规划。显然，财务预算目标不能等同于战略目标，它只是战略的体现，因此，必须选择既反映企业战略又在实际中可操作的预算指标，以此来反映企业财务预算目标。

3.可行性

财务预算目标应该反映企业未来可能实现的最佳水平，既先进又合理。在确定预算目标时，应避免两种倾向：一是定位过高，这容易导致预算难以实现，缺乏可操作性；二是定位过低，太容易实现，丧失了预算的作用。

4.有效性

财务预算目标应起到明确责任、有效激励的作用。企业通过责任中心的建立，将企业总预算目标层层分解为责任单位的责任预算目标，最终将责任落实到每个人的身上，使每个人都明确自身的责任，把握努力的方向。财务预算目标既是预算执行的控制标准，又是业绩考核的标准，根据实际数与预算目标的对比进行差异分析，确定预算执行单位的业绩好坏并实施相应的奖惩措施，从而实现有效的激励。

5.严肃性

财务预算目标必须以客观存在的市场环境、技术发展状况等为背景，以现实参数为依据；同时，财务预算目标需要经过反复测算和调整后方能最终确定，确定后的财务预算目标应保持相对稳定，不随意作更改。

6. 层次性

现代企业管理层次可以分为企业高级管理层、业务部门和战略经营单位三个层次。这三个层次在管理控制系统承担的职责和工作不同，财务预算目标也应该与管理层次相适应，以利于企业各管理层次发挥作用。

（三）财务预算目标的内容

财务预算目标是可以从财务角度进行货币计量，如销售增长率、成本降低率、利润、贡献毛益、投资利润率、剩余收益等。企业一般根据责任单位的类型确定相应的财务预算目标，这些财务预算目标反映了责任单位各自应承担的责任和相应具有的权利。

1. 收入责任中心的财务预算目标

收入责任中心是指只对销售收入负责的责任单位，其目的是为了强化销售功能，加强收入管理，及时收回钱款，控制坏账的发生。对应于收入中心推销产品的主要职能，可以将销售收入作为其预算目标。在考核时，采用销售增长率作为考核指标，其计算公式为：

销售增长率＝（实际销售收入－预算销售收入）÷预算销售收入 ×100%

2. 成本费用责任中心的财务预算目标

成本费用责任中心是对成本或费用负责的责任单位。企业内部凡是有成本发生，需要对成本负责并实施成本控制的单位都可以成为成本中心。成本中心只对可控成本承担责任，一个成本中心的各项可控成本之和即构成了该成本中心的责任成本。与此相对应，可以将责任成本作为成本中心的预算目标。在考核时，以成本降低率作为考核指标，其计算公式为：

成本降低率＝（实际责任成本－预算责任成本）÷预算责任成本 ×100%

以上公式如果在预算产量和实际产量不一致的情况下，应按弹性预算的方法用实际产量调整预算责任成本项目，使实际责任成本和预算责任成本两者可比。

3. 利润责任中心的财务预算目标

利润责任中心是指对利润负责的责任单位，对此，应将利润作为其预算目标。

在各个利润中心的共同成本难以合理分摊或无须进行分摊的情况下，确定利润目标时可以只计算可控成本而不分摊不可控成本。在一般情况下，利润中心的可控成本是变动成本。因此，这时确定的利润目标并不是通常意义上的利润，而是贡献毛益。企业各利润中心的贡献毛益之和减去未分配的共同成本，经过调整后才是通常意义上的利润总额。

在各个利润中心的共同成本易于合理分摊或不存在共同成本分摊的情况下，确定利润目标时应将可控成本和不可控成本均计算在内，即计算完整意义上的利润。

为了便于对利润中心负责人的经营业绩进行考核，有必要将各利润中心的固定成本区分为可控成本和不可控成本，在此基础上进一步确定利润中心负责人可控利润的目标。考虑到有些成本，如广告费、保险费等可以分摊到利润中心，却不能为利润中心负责人所控制，因此，在确定利润中心负责人可控利润的目标时应剔除不可控固定成本。其计算公式为：

可控利润＝该利润中心贡献毛益总和－该利润中心负责人可控固定成本

4.投资责任中心的财务预算目标

投资责任中心是既对收入、成本和利润负责，又对投资效果负责的责任单位，它具有投资决策权，承担的责任最大。投资中心同时也是利润中心，但投资中心除了寻求利润方面的目标以外，更需要寻求投资效果方面的目标。因此，投资中心的预算目标应该能够体现利润与投资额之间的关系。投资利润率、剩余收益和经济增加值能够满足这一要求，可以用来确定投资中心的预算目标。

（1）投资利润率。投资利润率是指投资中心所获得的利润与投资额之间的比率，它反映投入资产的使用效率。其计算公式为：

投资利润率＝利润 ÷ 投资额＝销售利润率 × 资产周转率 ×100%

投资利润率能够反映投资中心的综合盈利能力。从投资利润率的分解公式可以看出，投资利润率与收入、成本、投资额和周转能力有关，提高投资利润率应通过增收节支、加速周转、减少投入来实现。投资利润率可以作为选择投资机会的依据，有利于调整资产的存量，优化资源配置。以投资利润率作为投资中心的预算目标，将各投资中心的投入与产出进行比较，剔除了因投资额不同而导致利润差异的不可比因素，有利于进行各投资中心经营业绩的横向比较，并且可以正确引导投资中心的经营管理行为。

使用投资利润率作为预算目标时，往往会使投资中心只顾本身利益而忽视整体利益。比如，当总公司的平均投资利润率为15%，作为投资中心的某子公司的平均投资利润率为20%的情况下，如果有一个投资方案，投资利润率为18%，则从总公司的角度看，该方案可行，而从子公司角度看，为保持其较高的投资利润率可能放弃该方案。

（2）剩余收益。剩余收益是指投资中心获得的利润减去其预期的最低投资收益后的余额。其计算公式为：

剩余收益＝利润－投资额 × 预期最低投资利润率

使用剩余收益来确定投资中心的预算目标时要注意该公式中项目的口径应保持一致。利润可以用息税前利润，也可以用税后净利。与息税前利润相对应的投资额是总资产，投资利润率是指总资产利润率。与税后净利相对应的投资额是指净资产，投资利润率是指净资产利润率。总资产利润率是为了强化总资产的运用管理，净资产利润率是为了强化净资产的运用管理，两者目标不尽一致。具体采用哪种形式应该结合投资中心自身的特点加以选择。

上式中的预期最低投资利润率通常是指企业为保证其生产经营正常、持续进行所必须达到的最低报酬水平，一般可以用公司的平均利润率来代替。

以剩余收益作为投资中心预算目标，要求各投资中心的投资利润率大于最低预期投资利润率，这避免了投资中心狭隘的本位倾向，即单纯追求投资利润而放弃一些有利可图的投资项目。这样，可以保证各投资中心获利目标与公司总获利目标取得一致。

（3）经济增加值。经济增加值指企业利润减去资本成本总额之后的余额。如果不考虑所得税，其计算公式为：

经济增加值＝息税前利润－投资额 × 加权平均资本成本

如果考虑所得税，其计算公式为：

经济增加值＝税后利润－权益资本 × 加权平均权益资本成本

财务报告中的会计利润只扣除债务资金成本，而没有将权益资金成本作为费用扣除。在经济增加值计算过程中，不仅要扣除债务资金成本，而且要扣除权益资金成本。

由于在经济附加值计算中权益资本成本被准确地计算并从收益中扣除，而在会计处理中则不把权益资本成本作为利润减除项目，因此，采用经济附加值计算的利润要少于向股东报告的基于会计准则计算的会计利润。

经济增加值评价指标有较大的灵活性。对于风险不同的投资项目，管理者可以选用不同的风险调整资本成本。企业内不同业务单位的资本成本可能不同，同一部门内不同风险水平的资产，其资本成本也可能有所不同，如现金或应收款与长期固定资产的风险就不同，经济增加值的计算考虑了实际存在的这些差异。

经济附加值基于经济学的新近发展，特别是"资本资产定价模型"，推导出体现该行业或部门风险特征的加权平均资本成本，它实质上是对剩余收益评价方法的深化。

经济附加值要求企业管理者制定公司全面的资本成本，或者制定某个部门或业务单元的资本成本，这有一定的难度。20 世纪 60 年代中期以前，西方公司的高级管理人员一直不愿意详细测定公司或部门的资本成本，尤其是当他们必须为部门或各类资产的风险程度进行计算时。直到 20 世纪 60 年代中期，由学术界推导的"资本资产定价模型"被广泛了解并接受后，公司管理人员才渐渐开始使用该模型评价资本的风险调整成本，并据此计算经济增加值。

（四）财务预算目标的制定

1.财务预算目标的制定方法

不同层次的责任单位由于权责范围不同，确定的财务预算目标也不同。但是，这些不同层次的预算目标却紧密相连，上层的预算目标可以分解成下层的预算目标。在这些不同层次的目标中，利润目标是关键。由于利润是收入减去成本的结果，因此销售收入目标和成本目标可以根据利润目标来分解落实。在投资额既定的前提下，利润目标的实现意味着投资利润率目标的实现。可见，利润目标是关键的预算目标。与财务预算目标相比较，非财务预算目标的独立性较强，不同部门根据其职能所确定的非财务预算目标并非是一种分解或汇总的关系，但是这些非财务预算目标制定的出发点与要达到的目的是一致的，那就是抓住成功的关键因素，实现财务预算目标。在此，我们仅探讨利润目标的确定方法，以及在此基础上对利润目标的分解落实。

有的企业根据事先预计的销售量、成本、价格水平，按照本量利关系测算可望实现的利润，并以此作为利润目标。如果企业按照完全成本法来测算利润，其计算公式为：

预计利润＝（预计单价－预计单位产品成本－预计单位产品销售税金及附加）×预计销售数量＋预计其他业务利润＋预计投资净收益＋预计营业外收支净额

运用上式时，应注意预计单位产品成本不能简单地用基期的单位产品成本来替代。在完全成本法下，单位产品成本随着产量的变化而做反向变化，但并非反比例变化。

如果企业按照变动成本法来测算利润，其计算公式为：

预计利润＝（预计单价－预计单位变动成本）×预计销售量－预计固定成本总额

运用上式时，需要对变动成本和固定成本做出界定。

利润目标作为关键的财务预算目标应具有指导性，它不是业务量、成本、价格的消极后果。相反，它对上述因素的未来发展起着某种规定或约束作用。上述按照完全成本法或变动成本法测算利润并据此确定利润目标的做法具有共同的特性，即销售量、成本、价格等因素为自变量，以它们的事先存在为前提，利润只能是因变量，缺乏指导性。合适的做法是：首先确定利润目标，其次及时地落实为实现利润目标而需要在产量、成本、价格等方面所要达到的目标及有关措施。

确定利润目标的步骤大致如下：

（1）确定利润率标准。在调查研究的基础上，了解和掌握企业历史利润率最高水平以及当前同业或社会平均的利润率水平，从中选择某项先进合理的利润率作为预测基础。可供选择的利润率主要有销售利润率、产值利润率和资金利润率。利润率标准不应定得过高或过低，否则会影响有关部门或人员的积极性和主动性。

（2）计算利润目标基数。将选定的利润率标准乘以企业预期应达到的有关业务量及资金指标，便可以测算出目标利润基数。其相关计算公式为：

利润目标基数＝预计销售额 × 销售利润率标准

利润目标基数＝预计工业总产值 × 产值利润率

利润目标基数＝预计资金平均占用额 × 资金利润率

（3）确定利润目标修正值。利润目标修正值是对利润目标基数的调整额。一般可以先将利润目标基数与按照本量利关系测算的利润进行比较分析，并按照本量利分析的原理分项测算为实现目标利润基数而应采取的各项措施，即分别计算各因素的期望值，并分析其可能性。如若期望值与可能性相差较大，则适当修改目标利润，确定利润目标修正值。这个过程可以反复测算，直至各项因素期望值均具有现实可能性为止。

（4）确定利润目标。最终下达的利润目标应该为利润目标基数与修正值的代数和。它应反映或能够适应预算期企业可望达到的生产经营能力、技术质量保证、资金物资供应、人员配备以及市场环境约束等条件。利润目标确定后应层层分解落实，作为采取相应措施的依据。

2. 制定财务预算目标需要考虑的关键因素

任何目标的确立，从根本上讲都是委托者和代理者利益的协调过程。科学的财务预算目标有利于企业的长期发展，有利于日常管理工作的有序进行，有利于战略的最终实现；反之，不好的财务预算目标会使管理效率与效益大打折扣，使企业的管理工作处于无序的境地。制定合理的财务预算目标要考虑以下关键因素：

（1）财务预算目标要根据企业战略目标来制定。企业战略与企业的发展方向、未来目标、实现目标的途径和政策的选择或决策有关，是对企业内部条件与外部环境中根本性变化的积极反应。企业战略决策涉及企业经营方向和范围的改变，回答了企业在面对环境和条件变化的情况下何去何从的问题，规定了企业的宗旨和目标，以及实现目标的途径。财务预算目标是根据企业战略目标在近期内的具体化，根据外部环境与企业内部资源结合后在近期内的实施计划。因此，要根据企业不同的发展时期和不同的战略来制定不同的经营目标。

1）市场启动期。这一阶段，企业要对技术开发和随后的市场营销进行大量投资。如果在这阶段工作成功，则需要在固定资金、营运资本、市场营销上进行更大的投资；但如果在这一阶段工作失败，企业在该项目上的现金流可能是负值。另外，实物投资弹性小、调整难度高，因此其投资风险大；同时，产品启动期需要研究与开发费用、市场调研费用，这些收益性支出都是企业在初始阶段必不可少的，因此融资风险较大，必须加强对资本的预算。

2）市场成长期。此时企业所面临的风险主要来自两方面：一方面是产品能否为市场所完全接受，能在多高价格上被接受，即表现为经营风险；另一方面是现金流负值，即由于大量市场费用投入及各种有利于客户的信息条件和信用政策的制定，从而补充了大量的流动资产。因此，现金流量仍然出现入不抵出的状态，此时，全面预算管理的重点是提高市场占有率，以营销目标管理为中心。

3）市场成熟期。在这一阶段，一方面市场增长减慢，但企业都占有相对较高、较稳定的份额，市场价格也趋于稳定；另一方面由于大量销售和较大资本支出使现金流量为正数，企业经营风险相对较低，潜在压力却相当大。此时，企业可以采取以市场为导向、以成本预算为核心的预算管理模式。

4）市场衰退期。此时，一方面原有市场产品已经被市场所抛弃，或者被其他产品所替代，因此市场趋于萎缩；另一方面财务特征主要是大量应收账款，而未来的潜在投资项目均未停止，此时现金流量是预算中的一个核心问题。因此，以现金流量为核心，必然是该时期的主要目的。

（2）企业要建立战略研究机制。美国企业的董事会一般都设置高水平的战略研究规划部门，由首席经济学家负责组织企业内外的研究力量，作为董事会的智囊，分析企业所处的生存环境，包括国家宏观政策、行业发展趋势、竞争对手状况等内容，并据此制订企业营销、产品、研发、投资、融资等方面的策略及企业3～5年的发展规划。与经营层相比，董事会研究企业的角度更侧重于宏观和行业分析，所投入的人力和财力更大，掌握的信息翔实、全面，研究的结果可信度高。董事会基于这样一种研究成果而制定的预算目标往往比较贴近实际，具有一定的先进性和前瞻性。

（3）企业要建立可承受的业务构架。企业建立可承受的业务构架实际上是企业经营中的一种观念转变，这种转变对企业制定积极的预算目标具有一定的促进作用。可承受的业务构架指企业存在的最终目的是为股东挣钱，实现股东权益增值，否则就失去了存在的意义。要实现这一目标，企业必须在消费者可以承受的价格下提供消费者满意的服务和产品，并获得足够的利润来满足股东的需要。企业实际上是在股东和消费者的夹缝中生存。股东提供可以承受的投资规模，要求既定的投资回报；消费者支付可以承受的价格，要求一定的产品质量和性能。这些因素对于企业来说都是刚性的和不可变的。企业能够做到的是在满足这些刚性条件的前提下，改变自身的经营规模和成本费用，满足股东和消费者的利益需求。这种"建立可承受的业务构架"的思维模式为企业制定预算目标明确了指导思想，即股东要求的投资回报水平是对企业的刚性要求，企业没有讨价还价的余地，如果企业不能达到这一目标，经营者或者是企业自身就会被淘汰出局。因此，企业必须积极调整自身的生产经营策略，调整规模，降低成本费用，主动适应股东和市场的客观需求。

（4）广泛使用"杠杆法"。美国大企业的董事会在制定财务预算目标和审查预算时，通常使用"杠杆法"，即参照同行业各项经营指标的平均或先进水平，在考虑企业的行业竞争策略的基础上，合理确定企业的财务预算目标。美国企业采用此种方法的原因有二：一是保持企业的行业竞争优势，培植核心竞争力；二是解决董事会在制定财务预算目标和审查预算过程中的信息不对称问题。道理很简单，企业经营者身处企业经营一线，掌握信息远比董事会深入、详细；为防止企业经营者故意低报预算目标，董事会必须侧重于企业整体发展战略及行业信息等宏观面的研究和分析，利用行业杠杆确定合理的预算目标。

（5）以财务预算目标为依据进行资源分配。美国许多企业在制定财务预算目标时往往高估预算目标，与国内企业低预算目标正好相反。其原因在于：美国的预算目标是与企业的资源分配紧密联系的，企业能获得多少资源取决于是否具有快速发展的预算目标，董事会是否认可这一目标。高速增长的预算目标往往由增量资本性支出预算作为支撑，这一目标一旦获得认可就意味着企业将获得更多的资源投入。而国内多数企业的现实情况是，资源分配与预算目标没有直接联系，企业在制定预算目标时的积极性没有被充分调动起来，预算目标偏于保守，先进性和前瞻性不足。

（6）集团公司审批财务预算目标的观念要走出误区。由于企业的经营和生存环境错综复杂，制约经营成果和收益水平的许多因素难以预见，因此要正确制定企业财务预算目标，做到百分之百的公平合理是不现实的。对于具体企业来讲，目标定高或定低都是不可避免的。集团作为全面预算管理主体和预算目标的审批者，应该注意两方面观念的转变：一是追求预算目标百分之百的准确没有意义。预算工作的努力方向是，预算目标的制定必须经过科学、系统的决策程序，采用先进的研究分析方法，符合集团的整体战略部署。这样形成的预算目标，就具体企业而言不一定百分之百的准确和公平，但从长期和大多数企业来看是一种科学、合理和不断贴近实际的预算目标。二是管理和控制本身是一种艺术。全面预算作为一种控制手段，并不是要通过预算目标把企业控制在某一个点上（收入、利润），而是把企业的运营和发展控制在一个区间或是一种趋势之中。预算目标定得低没有关系，只要集团的整体战略目标得以实现，企业的经营没有超过出资人可以接受和容忍的范围，作为预算管理者的集团就应该给企业企业一定的自主空间，以调动经营者的潜力和积极性。

3.财务预算目标的分解

财务预算目标确定之后，为便于执行、控制、考评和监督，企业还需要采用科学的方法，分解落实到企业各级责任单位和个人，这样企业各级责任单位和个人都可以在日常的生产经营中随时将实际情况与预算对比，寻找差异，解决问题。分解后的目标应当是企业整体预算管理目标的具体体现，这将最终使得企业整体预算管理目标实现。企业全面预算管理目标不是一个或几个财务指标，而是由企业内部各级责任单位和个人的具体财务预算目标与企业整体财务预算目标一起构成的一个目标体系。

财务预算目标分解的方式通常有以下几种：

（1）倒挤方式。这种方式较为传统，它首先把不确定因素较小的责任单位和个人的具体预算目标确定下来，然后在企业整体预算管理目标中逐一扣除，逐步倒挤出企业内部各级责任单位和个人的具体预算目标。

（2）固定比例分配方式。企业采用固定比例分配方式分解整体预算管理目标时，应当充分考虑企业内部各级责任单位和个人以往在实现企业整体预算管理目标中贡献能力的大小，合理确定一套固定的分配比例，据此将已经确定的企业整体预算管理目标按比例分解、落实。比例应由企业预算管理委员会协同各责任单位和个人商定，一经确定，在无重大变故发生的情况下要保持其相对的稳定性。

（3）基数法。与固定比例分配方式不同，基数法是以各级责任单位和个人上年完成预算目标或前几年完成预算目标的平均数为基础，预测预算期发展速度，在此基础上分解、确定预算目标的方法。这种方法简便易行，应用面广。但基数法本身存在较多不规范、不合理的问题。

（4）因素分析法。因素分析法程序比较烦琐，它需要将有可能影响各级责任单位和个人预算期间预算目标完成情况的各有关因素综合起来，采用一定的分析方法进行分析，最终合理分解，落实企业整体预算管理目标，确定各级责任单位和个人的具体预算目标。这种方法需要分析影响企业的各种因素，看似准确，其实可靠性不强。其原因在于：一方面它的分析计算工作量大，程序烦琐、效率较低；另一方面由于面面俱到，往往顾此失彼或者抓不住主要矛盾，从而影响目标分解的准确性与合理性。

（5）自主申报方式。自主申报方式是指由企业预算管理委员会召集各级责任单位和个人（或代表），在说明预算期间企业整体预算管理目标和相关企业内外部环境的背景下，动员各级责任单位和个人根据自身实际能力与实际状况，自主申报其各自在企业整体预算管理目标中愿意承担的份额，经过预算管理委员会的修正，据以进行分解的方法。上述几种方式可以结合运用，实践中还有其他方法的具体应用需要我们不断总结和创新。

三、财务预算管理体制与编制模式

（一）财务预算管理体制

预算组织是预算机制运行的基础环境，预算目标的实现必须建立在完善的预算组织基础之上。预算组织应当由财务预算组织和预算执行组织两个层面组成。财务预算组织与预算执行组织并非是相互脱离的两个层面，它们之间存在着相互协调和配合的关系，财务预算组织机构和人员也必须承担相应的责任，因此它们又是预算执行组织中的一员。对于企业多数机构而言，它们都具有财务预算组织和预算执行组织的双重身份。

1.财务预算组织的构建

财务预算组织指负责财务预算的编制、审定、协调、调整和反馈的组织机构和人员。财务预算组织机构是各项财务预算职能的执行主体，财务预算组织的设立与财务预算的循环密切相关。

（1）财务预算机构。设置财务预算机构是预算机制运行的首要环节，财务预算的组织与协调工作将由机构全面负责。设立的财务预算组织机构具有以下几种形式：

1）专门的预算部门。专门的预算部门负责经营活动和财务状况的调查、预测、规划及预算的制定。有些企业还设立主管研究开发部门，以完成相关的工作。

2）总参谋部。总参谋部是负责综合性规划的部门，或者是为全面经营管理服务的部门。总参谋部无论如何设置，都要具备充分担负与协助最高层或全面经营管理层的功能。

3）委员会组织。在制定和推行经营预算方面，企业有时还采用委员会制度。比如，设立直属公司总经理或常务董事会的下级机构长期预算委员会，以便征求有关部门的意见，促进各个部门之间的意见交流，在预算实施阶段保证更好地完成预算。此外，由于委员会由各个有关部门推选出来的委员构成，委员都代表各个部门的利益，委员会容易流于形式。因此，大型公司还需要在委员会内部再设置专门或专题委员会开展具体的活动。

4）机动组织。为弥补部门组织或委员会的缺陷，有的企业设立了机动组织，如专项小组或特别工作组。这是针对有关课题由专家临时组成的组织，课题完成之后工作组随即解散。

通常，预算目标的确定、预算审批和下达、预算调整、内部仲裁等需要"集权"的预算决策和调控职能，均由财务预算机构承担。具体而言，其主要职责与权限有：一是审议并确定预算目标、政策和程序；二是审定、下达正式预算；三是根据需要调整甚至修订预算；四是收集、研究及分析有关预算与执行业绩报告，制定相关控制政策和奖罚制度；五是仲裁有关预算的冲突。

财务预算委员会是企业内部财务预算的最高权力机构。当然，其审定后的预算最后还要呈请董事会批准。

（2）预算编制机构。预算编制机构包括与预算编制基础资料的供给和预算编制相关的机构。

1）编制预算基础资料供给机构及其相互关系。预算涉及供、产、销各个方面，编制预算需要的各项基础资料也需要由各个有关部门分别提供。由于这些基础资料属于各个部门的分内之事，不需要专门设置机构或人员，而是责成各个部门按时按照要求提供即可。然而，企业各项业务预算之间具有密切的联系，其中，至少有一项业务预算制约着其他业务预算。在市场经济环境中，绝大多数企业的制约因素都是销售数量。因此，销售预算制约着其他预算，其准确与否决定整个预算内容体系的质量好坏，也关系到财务预算的成败。因而，各个预算资料供给机构也应当相互联系、相互配合，并具有不同的层次。

首先，应当由营销部门提供编制销售预算的各项资料，并提供销售预算的初稿。某些大型企业设有专门的市场调研部，或者至少在营销部门下设市场调研组，专门负责市场调研及销售预测，并由该机构提供销售预算的有关资料。财务预算委员会将其与销售目标比较，并将经过讨论后初步认定的销售预算分发给各个部门，使之成为其他部门提供预算初稿的参考依据。随后，生产部门结合销售需要及各项资源许可，提供生产预算及相关成本预算初稿及其编制依据。供应部门根据生产需要，提供原材料采购及相关现金流出的预算初稿及其编制依据。其他部门根据与供、产、销之间的关系，提供本部门相关费用预算及其编制依据。如果是受原材料供给制约的企业，其预算资料的供给程序首先由供应部门提供原材料供给预算，生产部门据此提供生产预算，销售部门根据生产预算编制销售预算。

2）编制预算机构。预算资料由各个相关部门分别提供，但正式预算的编制还需要由专门的机构承担。因为预算编制并非是对各个部门预算的简单汇总，而是将各项预算与企业目标进行磨合，最终编制全面预算，并且将其分解落实为责任预算。其中，还涉及各项预算之间的汇总、协调及综合平衡等问题，工作量大而且需要专业技能，因此最好由专门预算编制机构负责。通常，预算编制机构可以由财务和计划部门兼任，以财务部门为主，但应当由专人负责，以保证预算编制的速度和质量。

（3）预算监控机构。预算监控机构是实施预算监控职能的机构。由于预算监控的对象是预算的执行，而预算执行单位是整个企业各个环节、各个部门，因此预算监控应该全面、系统。有效的监控应该借助各个部门、各个成员的共同努力，它是预算执行者之间自我监控和相互监控的结合。所以，预算监控机构应当是各项职能及各个专业所对应的纵横交错的监控网。

（4）预算协调机构。协调是预算的重要职能。预算协调既体现在预算编制过程中，而且应该在预算执行过程中发挥日常管理作用。预算协调也涉及各个方面：既有各项资源内部的协调，又有各项资源之间的协调；既有各个部门内部的行为协调，又有各个部门之间的行为协调等。因此，预算协调职能并非由专门设置的独立机构承担，各组织机构均应当在全局整体利益的驱动下，自觉承担预算协调机构的职责。比如，劳动人事部门应当配合财务预算进行人力资源的协调工作，力求各级、各类人员在各个部门内部和各个部门之间有效搭配。

（5）预算反馈组织。预算规划和控制职能离不开反馈。财务预算委员会、预算编制机构、预算监控机构、预算协调机构发挥作用的前提是要有完善的反馈组织作为后盾。预算反馈组织即预算信息流组织，预算反馈信息流是预算下达过程的逆向信息流动，是预算执行情况自下而上层层汇集和向上报告的过程。

预算执行有赖于一个由若干不同层次的预算责任单位组成的预算责任网。由于各个预算责任单位具有各自不同的预算目标，在执行预算的过程中又必须将实际执行情况随时进行反馈，因此，预算信息流组织需要通过分级核算、逐级汇报的方式实施不同的预算计划。各级责任单位为了把握预算执行情况，都应该进行自我核算并及时进行信息反馈。由于预算信息的传递有赖于所有预算执行单位的共同作用，因此，信息反馈组织与预算执行组织有着十分密切的关系。

2.预算执行组织的构建

预算执行组织指各个层次责任预算的执行主体。高效运行的预算执行组织是实现高效率和高效益的保障，为此，预算执行组织的设置应该根据企业生产经营特点和企业组织形式，通过全面的分析，建立结构合理的预算责任网络。

预算责任网络中的组成部分即为责任中心，责任中心是组织内部具有一定权限，并能够承担相应经济责任的内部单位。一般而言，责任中心必须具备的条件为：具有承担经济责任的主体，即责任人；具有确定经济责任的客体，即资金运动；具有承担经济责任的基本条件，即职权；具有考核经济责任的基本标准，即经济绩效。

凡是具备以上条件的单位或个人均可以构成责任中心。预算责任网络与企业组织结构密切相关，在层阶制组织管理中，预算责任网络必然也是层阶制。当然，预算责任网络不应该仅仅根据传统职能式的组织结构设置，而应当围绕预算目标的实现，根据必要和高效的要求进行作业分析，然后建立同质作业型的责任中心。

根据各个责任中心的权责范围，预算责任网络可以归结为三个层次：投资中心、利润中心和成本费用中心。预算责任网络应该是一个包容、明确每一个部门、每一个人员职责的全方位网络。

（二）财务预算编制的模式

财务预算是一个循环过程，包括制定目标、计量实际业绩、比较实际与目标及采取纠正措施等一系列步骤。其中，制定目标是财务预算的起点。从制定财务预算的过程分析，财务预算目标的制订分为两种模式：

1. 自上而下模式

自上而下模式以两个最基本的假定为前提：一是假定企业与企业集团的主要目标是使利润最大化；二是企业各级管理层和员工都具有惰性。因此，其工作过程需要进行严格的控制。在这种假定下，企业集团总部将下属各个子公司或各级职能部门视为财务预算的被动主体，预算目标完全来自上层管理者，下层只是被动的执行单位，没有独立决策权。这种模式适用于集权制企业集团。

2. 自下而上模式

自下而上模式深受现代管理理论的影响，该模式强调以下几点：

第一，管理者及职工的激励机制更多地在于参与与认同，并不完全是财务性目的。

第二，企业及集团的目标不是利润最大化，而是利润最优化。

第三，集团公司的目标与子公司或职能部门的目标并不总是一致的，因此管理总部应当尽可能地使子公司或职能部门和个人目标与集团目标一致。在此情形下，管理的协调职能显得更加重要。而所有部门和人员共同参与制定财务预算，并对预算本身有着良好的认同，这一认同为管理上的协调提供了坚实的基础。

自下而上模式强调预算来自下属预算主体的预测，来自子公司自身；总部只设定目标，只监督目标执行的结果，而不过多地介入过程的控制。可见，该模式更多地适用于分权制集团公司。

自上而下模式最大的优点在于：能够发挥二级单位的积极性，强化其参与意识，并具有管理的认同感。其最大的缺点在于：难以避免二级预算单位在预算编制上的"宽打窄用"。解决问题的方法只能在预算制定过程中经过几下几上、讨价还价的过程，才使预算为各方所接受。事实上，任何可行的预算方案都离不开这一过程。

分权化趋势表现在企业财务预算上越来越重视子公司或职能部门自身的规划，总部只是在一些重要的控制环节上对预算起调控作用。

四、财务预算执行、控制与考核

财务预算管理是由财务预算的编制、执行、控制及预算考核组成的一个完整的控制系统。在实际工作中，完成财务预算的编制、调整、分析等技术性的工作并不困难，难的是涉及人们利益的决策和行为的控制。

（一）财务预算的执行

1.财务预算执行前的准备工作

财务预算执行之前需要经过几个准备步骤来保证预算的有序执行，保证预算体系运转良好。

（1）预算的审查通过。预算编制完成之后，需要经过专门的预算管理委员会或由董事会授权的机构审查通过才能够正式执行。

预算管理委员会一般由企业董事长或总经理担任主任委员，企业内部各相关部门的主管作为成员，还设有预算管理委员会秘书长一职。委员会作为企业预算体系的最高管理机构，承担审阅财务预算和主要经营预算合理性和整体利益协调性的责任。在考虑企业的战略规划和远景目标的基础上，预算管理委员会对预算年度的主要预算进行认真讨论、分析，肯定企业主要预算中数据的合理性并批准执行。如果有不合理或与企业整体利益相悖的地方，预算管理委员会就会要求相关的业务或职能部门进行修改，否则不能批准其执行。

（2）分解下达预算。

1）预算的分解。年度预算经过预算管理委员会批准后，为了在实际生产经营中得到顺利执行，需要把年度预算分解成更为具体的时间段，如分为季度、月份乃至旬，有条件的企业还可以分解到天。这样，企业才可以在日常的生产经营中随时将实际情况与预算对比，寻找差异，解决问题。

2）预算的下达。预算经过分解之后，要针对不同部门传达各自需要的预算。通常来讲，关于企业整体完整的总预算仅限于分发给企业高层管理人员，以及经高层管理人员授权的其他人员。分送给部门主管及中层管理人员的预算则不需要完整，但要保证跟他们的权利和职责有关的总预算的部分和该部分的分解预算都能够传送到位。

需要特别注意的是，预算的分发下达要注意保密。一般来说，企业可以将各项预算连续编号并保留分送对象的编号记录，年度终了时收回，并集中销毁。

（3）讲解预算

企业员工只有充分了解预算编制的依据、原理，明确自己在预算执行中的任务，才能够保证预算执行的成功。企业编制预算的时候虽然遵循全员参与的原则，但实际上主要的关键性步骤还是由管理人员和专业人员完成，企业一般员工对预算的理解并不一定完全正确，甚至还可能出现抵触情绪。因此，对预算的说明和讲解非常必要。预算分发下达以后，应该以部门、各小团队为单位，举行一连串的预算说明会议，专门讲解企业总体计划以及本部门、本团队的任务，使每个员工都能找到自己的位置。

2.财务预算执行结果的分析

财务预算执行结果分析的内容有：

（1）在占有信息的基础上，各责任单位要对预算完成情况进行动态跟踪控制，不断纠正偏差，确保预算目标的实现。

（2）按月对预算执行结果进行差异分析，分析差异产生的原因，制定纠偏措施。

（3）纠偏要遵循重要性原则。

（二）财务预算的控制

1.财务预算控制的内容

财务预算控制主要针对现金预算进行控制。良好的现金控制制度非常重要，因为现金多余和不足，特别是不足，给企业带来的潜在影响很难估计。

实际现金收支与预算收支的差异一定会存在，发生差异的原因可能有现金影响因素的变化、突发事件对生产经营的影响、现金控制不得力等。管理层为了缩小差异，避免出现现金不足，可以采取的方法有：加大应收款的催收力度；减少付现费用；延迟资本支出；推迟待付的款项；在不影响生产经营的基础上减少存货数量。

一般而言，对现金预算进行控制可以采用以下方法：

（1）对现金及未来可能的现金状况做出适当和连续的评价。这一程序涉及定期评估和截至报告期为止所发生的实际现金流动情况及对下一期间可能发生的现金流量地再预测。

（2）保存逐日（或更长间隔期间）的现金状况资料。为减少利息费用，确保现金充足，有条件的企业可以对现有现金状况每天进行评估。这一方法特别适用于现金需要量波动幅度较大、分支机构分散且有庞大现金流量的企业。在实际经济活动中，有很多企业都采用编制现金收支日报表的方式来控制现金流量。

2.财务预算控制的实现条件

财务预算控制的实现条件是环境，环境是影响财务预算控制的最主要因素。环境是指预算控制系统赖以运行的条件，它分为内部环境和外部环境。一般而言，企业的外部环境是指社会环境、政治环境、经济与法律环境、市场环境等，这些外部环境都具有相当大的不确定性。这些不确定性对企业而言是不可控因素，由于这些不确定性，使企业无论在会计计量上还是在分析上都存在相当大的难度。考虑到这一客观现实，我们暂不考虑企业的外部环境，但这不是说否定它对企业预算控制所起的客观影响。企业的内部环境包括组织结构、责任分配与授权、组织信奉的诚信原则和道德观念、管理哲学和经营风格、人力资源政策与实务，以及企业的技术水平等。一个有效的预算控制系统总是由一个良好的环境来支撑。接下来，笔者从内部环境中的三个层面来分析预算控制的实现条件。

（1）组织层面。组织层面是指企业的组织结构、预算控制的组织体系及企业权力和责任的分布。组织层面是预算控制系统运行的基础。

1）企业组织结构。企业的组织结构在企业管理中起支撑作用，是实现企业经营战略目标的基础和保证，也是预算控制实施的载体。管理过程犹如人体运动过程及各种状态，管理者通过种种运作方式，运用组织结构中不同部门的不同活动的组合，使企业中的人流、物流和信息流正常流动，并最终实现企业经营目标。要想使预算控制系统发挥最大的作用，组织结构的整合必不可少。组织结构的整合应以业务流程重组为基础，对业务流程的变化予以支持和配合。组织流程化整合应以顾客为中心，以企业战略为导向，以企业流程的系统优化为依据，进行作业分析并建立作业中心，进行流程分析并建立流程中心，最终形成战略层—经营层—作业层三层组织结构。

2）预算控制的组织体系。以企业自身组织结构为基础的预算控制组织体系是预算机制运行的基础环境。预算控制组织体系包括预算管理组织和预算执行组织两个层面。预算管理组织负责预算的编制、审定、协调、调整和反馈；预算执行组织是预算执行过程中的责任单位构架，即各层责任预算的执行主体（各责任中心）。预算管理组织层和预算执行组织层并不是相互脱离的两个层面，而是一种相互协调、配合的关系。预算编制需要各责任中心的参与，预算反馈组织就是预算的执行组织。对于企业的绝大多数机构而言，它们都具有预算管理和执行的双重身份，如此纵横交织的预算组织网才能有效地保证预算机制的良性运行。同时，预算执行组织（预算控制责任中心）的结构与其组织结构相对应，组织结构的类型决定了预算责任网络的布局，经过战略整合之后的企业组织分为战略层、经营层和作业层，根据各层级的不同权责可以将战略层界定为一个投资中心，将经营层界定为利润中心，将作业层界定为成本费用中心。

3）企业权力和责任的分布。在企业组织结构整合的过程中，伴随着企业权力和责任的分布。企业权力与责任的分布要坚持两条原则：一是各组织权责利对等原则；二是不同组织在权限上立足于决策权、执行权、监督权三权分立的原则，以保证权力的相互制衡及预算系统的有序运转。在实际工作中，预算编制在经过自上而下和自下而上相互协调沟通之后，其决策权最终应落实在企业战略层，由这一权威组织进行决策、指挥与协调；预算的执行层则由各责任中心负责组织实施，辅以对等的权责利关系，监督权由更为独立的监督机构来行使，从而形成独立的权力间的制衡系统。这种制衡本质上就是运行机制。因此，预算控制不应简单地看成企业内部管理的一种方法，而是一种新的管理机制。

（2）行为层面。行为层面是指预算控制系统中的各当事人都是受个人利益的驱使而行为。个人利益是预算控制体系运行的原动力，这里的个人利益不单指经济利益，即公司奖赏，还包括对出色完成工作的满足感、表扬、责任、自尊心及工作本身的性质等。一个有效的预算控制系统不可忽视这些调动个人积极性的复杂因素。行为层面是预算控制系统有效运行的关键，它具体包括预算过程的参与及货币性与非货币性奖励。

1）预算过程的参与。单纯的自上而下或自下而上的预算过程都是无效的。"自上而下"即高层管理人员为低层管理人员制定预算，这种方式几乎不起作用，它导致预算者缺乏约束，而且使计划的成功遭受危险。"自下而上"的预算最可能达到预算目标的约束作用。然而，如果不仔细控制，它可能导致目标太容易实现或者与公司总体目标不相符。有效的预算过程应当是两种方法的结合。预算者为他们的责任区编制预算的第一稿，这是自下而上；但他们必须遵守公司高层制定的指导原则，高层管理人员复查和评论这些预算提案，这是自上而下。然而，预算过程应当是公平的，如果上级修改预算数据，它必须使预算编制者相信这一修改是合理的。

研究表明，预算参与对管理者的激励有正面影响，理由在于：一是参与式预算更容易被接受。如果预算目标被看作是在自己控制下制定的，而不是外部强加的，那么预算更容易被接受，这会使对个人实现目标的约束更强。二是参与式预算使信息交换频率更高。批准的预算数据得益于最接近生产和销售环境的预算者的专长和个人知识。再者，通过在复查和批准阶段与上级相互交流，预算者对他们的工作有更清楚的认识。参与式预算对在不确定环境中经营的责任中心特别有利，因为这些责任中心的管理者会拥有关于影响他们的收入和支出变量的最佳信息。

然而，参与式预算也存在三个潜在的问题：一是将预算标准定得过高或过低。如果目标太容易实现，经理人员就可能失去兴趣，而业绩则可能下滑。挑战性对于奋发向上和富有创造性的经理人员来说相当重要。同样，预算制定得过紧，将无法实现这些标准并使经理人员遭受挫折，而这种挫折也会导致更差的业绩。因此，理想的预算是既具有挑战性又具有达到目的的可能性。二是预算过于松弛。预算松弛会使经理人员更有可能达到预算目标并随之减少他所面临的风险；同时，虚报预算也不利于企业资源的有效配置。三是伪参与。这是指高层管理人员仅仅追求低层经理人员的表面性参与，而自身却承担了对整个预算编制过程的控制。高层管理人员只是得到低层经理人员对预算的正式认可，而不寻求其真正参与。因此，参与式预算行为方面的利益也就无法实现。

2）货币性与非货币性奖励。人的积极性受多种因素的影响，仅靠货币性的奖励不足以使经理人员的积极性达到预期水平。非货币性的奖励包括充实工作、增加责任与自主权，以及实施非货币性的表扬等，这些都可以用来加强预算控制制度。在调动当事人积极性的同时也要建立起与预算配套的职业道德、内控制度和惩罚措施。

在一个公司中推行预算控制意味着该公司的成员由一种行为方式转变为另一种行为方式。这其中不可避免地要触动文化传统和积以成习的惯例，不可避免地要与利益和权力重新分配相交织，因而这个转变并非易事，我国还有很多公司没有实行预算控制，关键在于行为层面。

（3）技术层面

技术层面是指为保证预算控制系统有效运行的技术支持。预算控制是由预算编制、执行、调控及考核所组成的一个完整的控制系统，其运行与协调需要有一定的技术支持。只有企业管理实现电算化，所有相关部门均处于同一信息系统中，才能实现信息资源共享，预算控制所需的资料才能及时、全面地取得。首先，在预算编制过程中，弹性预算、滚动预算及零基预算等预算编制方法的运用都需要有相关的技术支持。其次，在预算执行调控过程中，通过计算机网络技术可以使得企业随时跟踪预算的执行情况，各责任中心可以及时进行信息反馈，发现并纠正偏差，从而实现过程控制。最后，在预算考核过程中，通过计算机及网络技术，一方面可以随时进行动态考核；另一方面在最终进行静态考核时，将实际业绩与预算标准进行对比，计算差异并进行差异追踪，可发现差异产生的原因，从而有利于业绩评价及下一年预算的制定与执行。此外，技术层面还表明：预算控制具有科学性，代表一种简洁、高效率的企业管理机制。

（三）财务预算的考核

财务预算的编制仅仅是预算管理的开始。为发挥预算的作用、体现预算管理的权威性，必须对预算执行结果进行跟踪、分析和考核。没有考核，预算工作无法执行，预算管理变得毫无意义。

1.财务预算考核的作用

财务预算考核是管理者对执行者实行的是一种有效的激励和约束形式。预算考核是预算控制过程的一部分。财务预算考核在整个利润预算管理循环过程中是一个承上启下的环节，具有以下一些作用：

（1）确保目标利润的实现。目标利润确定并细化分解以后，预算目标就成为企业一切工作的核心，具有较强的约束作用。在预算执行中，管理者对预算执行情况与预算的差异适时进行确认，及时纠正资源管理上的浪费与执行中的偏差，可以为预算目标的顺利实现提供可靠的保障。

（2）可以衡量有关预算目标的实现程度。预算考核可以帮助管理者了解企业所处的环境及发展趋势，进而衡量有关预算目标的实现程度，评估预算完成后的效益。

（3）可以作为管理者完善并优化整个利润预算管理系统的资料依据。对利润预算执行结果的考核，可以反映整个企业的经营业绩，它是编制下期预算的有价值的资料，是管理者完善并优化整个利润预算管理系统的资料依据。

（4）可以作为对执行者业绩评价的重要依据。利润目标的层层分解和延伸细化，使企业全员都有相应的预算目标。这种预算目标与执行中的经济活动在时间上相一致，其经营环境和条件也基本相同。以预算目标与执行者的实际业绩相比较，评价执行者的业绩，确定责任归属，比较公正、合理、客观，尤其是对企业人才的业绩评价具有较强的说服力。

（5）增强了管理者的成就感与组织归属感。预算考核具有较强的激励作用，通过预算考核肯定了作为预算责任主体的管理者的工作业绩，这是企业对管理者工作业绩的认可。将工作业绩与奖惩制度挂钩，势必增强管理者的成就感与组织归属感，从而进一步激发管理者的工作能动性。

2.财务预算考核的内容

预算考核应以企业各级预算执行主体为考核对象，以预算目标为考核标准，以预算完成状况为考核核心。通过预算实际执行情况与预算目标的比较，确定差异并查明产生差异的原因，进而据以评价各级责任单位和个人的工作业绩，并与其相应的激励制度挂钩，使其利益与相应的工作业绩紧密相关，以充分调动各级责任单位和个人的工作积极性，促进企业整体效益的提高。

预算考核包括期中及期末预算考核两种形式。期中预算考核是指在预算执行过程中进行的、依照企业全面预算内容对预算实际执行情况和预算指标进行考核、比较，发现其间的差异及造成差异的原因，为企业生产经营过程中的纠偏和事中控制提供及时可靠的依据。期末考核是指在预算期末对各预算执行主体的预算完成情况进行的分析评价。目前，企业的预算考核多以期末预算考核为主（期中预算考核更多地体现在预算控制过程中），期末预算考核又多以成本费用、利润及投资报酬率等财务指标的考核为主。

3.财务预算考核的程序

财务预算考核工作通常按照以下程序进行：

（1）广泛收集相关的信息资料。在进行预算考核之前，首先要收集到考核所需要的全部相关资料，包括各种财务和非财务数据指标。准确、齐备的关于预算执行情况的相关资料是科学进行预算考核工作的基础和先决条件。

（2）比较预算与实际执行情况，合理确定预算差异。根据实际情况与预算差异的性质不同，可以将其区分为不利差异和有利差异。有利差异是指实际情况优于预算目标的差异额，如实际收入大于预算收入，或者实际成本费用低于预算成本费用等；不利差异是指实际收入低于预算收入，或者实际成本费用高于预算成本费用等实际情况不如预算目标的差异额。预算考核的目的之一，正是消除不利差异，确保预算目标的实现（或扩大有利差异）。

比较、确定成本差异是预算考核工作中的一项重要工作，它可以具体掌握差异形成的原因和责任，以便采取相应的措施，消除不利差异，发展有利差异，实现对成本的有效控制，不断降低成本，提高企业经济效益。

（3）分析差异形成的原因，明确相关经济责任。对预算执行结果实际差异的分析，应侧重于对重点差异的分析，遵循重要性原则。分别针对不利差异和有利差异分析其产生原因，采取应对措施。在分析过程中，一定要特别注意那些名为有利差异、实为隐性不利差异的现象，以防止盲目乐观，忽视潜在的隐患，如销售部门为降低本部门的销售费用而削减了必要的广告费支出，使得企业市场份额减少。从长远来看，这样做将会影响企业的销售收入和利润。对这种差异的分析一定要细致，尽量做到防患于未然，及早指出其危害，使之对企业全面预算整体目标实现所产生的危害降到最低。

第四节　财务控制

一、财务控制的理论基础

（一）系统论与财务控制

按照"系统论"的定义，系统的定义有："系统是由一组相互联系或相互依赖的事物组成的复杂整体。""系统是由一个被计划控制或调节的功能整体。""系统是由通讯的信息流所构成，通过信息输入而产生相应的输出。"无论从组织结构还是运营过程，都不难看出财务管理本身就是一项系统工程。它通过财务人员、信息载体、处理手段、方法、相关环节和程序等对信息进行收集、确认、加工、传输、存储、报告等处理活动，利用信息来源、信息反馈和协调措施对资金、成本、利润、价格、贷款、税收等进行控制，通过控制使生产要素与资金达到合理安排和利用，以实现整体预期的目标。因此，按照系统论的原理，财务控制应具有以下特性：①集合性，即财务控制本身具有一般系统的集合性，而且可以作为一个完善的系统在实际运营中发挥其不可替代的整体作用。财务以信息为依据，利用预测、决策确立财务总体目标，为实现总体目标，通过编制计划进行组织和实施，并对过程进行控制。这种控制是通过协调会计各环节及要素之间的量度完成的，不但将各要素有机地组合起来对总体目标发挥作用，而且都是在财会工作环节相互配合、共同管理下完善的。② 相关性。财务控制各环节、各部分为完成总体目标，相互联系、相互制约，形成财务管理系统有机的整体。根据不同的经营特点和管理要求，财务管理系统可划分为不同的子系统，如资金子系统、成本子系统、利润子系统等，各子系统之间密切相关，为完成总体目标各自发挥自身的作用。也就是说，财务控制应重视系统各部分之间、部分与整体之间、系统与环境之间的普遍联系。③ 最优性。财务控制系统的最终目的是要完成企业的最优化管理和控制。但因为企业是一个复杂的系统，财务控制在对资金运动的不断记录监督和控制的过程中，对自身机制进行调整和修正，如对信息载体、操作手段，甚至观念及方法的改进，使系统的运营达到最佳状态。④ 有序性。对于企业来说，资金是贯穿整个系统运营过程的主要对象，财务控制也应该以资金控制为主线，对资金的投入、运用、流转、耗费和增值等环节按步骤有秩序地实施控制。

（二）控制论与财务控制

1948 年前，你如果在字典里查找"cybernetics"（控制科学）这个词，那必定是一无所获，因为那时它才刚刚被创造出来，创造者就是著名的数学家——诺伯特·维纳（Norbert Wiener）。1948 年，维纳出版了著名的《控制论》。控制论主要是关于动态系统控制调节的机理和一般规律的科学。其基本观点是：一切控制系统所共有的基本特征是信息的交换和反馈过程，利用这些特征可以达到对系统的认识、分析和控制的目的。控制论与系统论有着密切的关系，其中心观点主要是从系统功能、对系统的改造和系统优化方案的实施等方面去研究系统的控制问题。维纳的控制论不仅应用在工程上，而且广泛应用于经验控制和社会控制。从维纳创立控制论以来，控制论主要经历了经典控制论时期（20 世纪 40 年代末到 50 年代的单机自动化、局部自动化）、现代控制论时期（从单变量控制到多变量控制，从自动调节到最优控制）和大系统理论时期（70 年代至今，使工程控制领域深入生物、社会、思维等领域）三个发展阶段。至今，现代控制论早已超越物理学和生物学的交叉点范围，而与数学、数理逻辑、神经生理学、无线电通信、自动控制、电子计算机、经济学、统计力学等学科相互渗透，形成了生物控制论、工程控制论、智能控制论、社会控制论、经济控制论、环境控制论等大量的分支学科。控制理论在生产、经营管理等领域得到广泛的应用。

按照控制论的原理，控制可以表现为通过在"输入"（外界对系统的影响）和"输出"（系统对外界的影响）两方面流程中对信息加工的基础上，采取决策以影响系统，改善系统的行为。这种控制主要表现为两方面：一是决定系统状态变化的轨道（确定目标及达到目标的途径）；二是通过不断调整，使系统保持在原定的轨道上。控制系统输出信息作用于被控对象，产生结果输出，再送回控制系统并对再输出发生影响的过程叫反馈。如果给定信息与真实信息之间的差异越来越大，即被控系统的行为更加偏离原来设定的目标，使系统处于不稳定状态，叫正反馈；如果差异越来越小，即被控的行为越来越接近目标，使系统处于稳定状态，则为负反馈。构成反馈控制系统也称为闭环控制系统，而靠前馈信息的控制则是开环控制。内部财务控制正是利用这些原理，采用开环控制与闭环控制结合的组合控制。

根据控制论中调节与控制的原理，内部财务控制的总体调节方式是平衡偏差调节，也就是说应采取闭环调节。而对许多具体因素的控制则应该采用补偿干扰调节和排除干扰调节，即采用开环控制和预防控制。

所谓闭环控制也称"反馈控制"，即用受控系统的输出量的反馈信息来产生控制力，它构成一个闭合回路，在反馈控制中，既有正反馈，也有负反馈。正反馈能提高输入的灵敏度，增强传输系数和输出效应；负反馈则能削弱外界对系统的干扰作用。例如，财务控制里的依据业绩给予员工奖励而提高员工积极性的激励制度就是一项正反馈控制，而强调业绩考核与惩罚的这一制度则属于负反馈控制。反馈控制法作用的机理是：以前一个过程的信息输出作为这个过程的输入，并由它触发过程控制所需的操作。通过对过程控制进行计量，发现过程偏离计划时，就对过程进行调节。可以说，责任控制系统就是一个典型的反馈控制系统。某受控责任单位的活动即为操作过程，通过责任会计对其进行计量，然后同责任预算标准对比，再经过调节器进行调整。反馈控制法中，计量、控制标准和调节器是比较重要的部分。计量部分要求能够及时报告过程与标准的偏离状况，这对尽快触发校正操作、恢复会计控制系统所要求的过程状态是必需的。因此，在会计控制系统中，一些控制部分需要进行实时信息反馈控制。调节器通常是指有权指挥并实施变革的经理人员。反馈控制法一般说来易于实行，而且对一个失去控制的过程恢复正常控制是有效的；其主要的缺点是其允许发生错误或与计划出现偏离，并且由于发现到纠正的时间延迟而付出较高的代价。

开环控制的控制过程不用被控结果的信息，只用外来控制信息起控制作用。由于这些信息流刚好与反馈相反，因此也称为前馈控制。也就是说，前馈控制是通过对过程操作和输入同时进行监测，设法预测可能出现的偏离，在问题尚未出现之前就做出调整。这种控制方法可以阻止错误或偏离的发生。企业内部控制中对货币资金的控制就是前馈控制。例如，某单位要保持一定的银行存款数额，财会部门可以通过对影响存款的各种因素进行预测，以月末存款余额是否达到预定数额作为控制信号，企业管理部门则根据这个信号采取相应的控制措施，如增加销售、压缩开支、催收欠款等，以保证月末存款余额达到预期目标。

预防控制是在被控制过程中设置约束机制，排除干扰，防止影响。例如，要防止会计工作过程中的差错，可以事先对产生差错的可能性与原因加以分析，并设计各种防范和控制措施，并将之纳入会计工作程序。只要会计人员按照规定的程序处理业务，所预知的差错就能够得到防止，预防控制就发挥了预期的作用。在实务工作中，应该根据实际情况对这些控制加以综合运用，如预算的审批、资产的领用、内部稽核等都属于预防控制。

二、财务控制的定义

从管理的角度理解，财务控制的本质就是从财务管理的角度实施管理控制。这是因为内部控制所设计的企业活动都是与企业的财务资源相关的，而且在内部控制的过程中，计划的制订、控制标准的设定及对控制效果的评价等都离不开财务活动。因此，财务控制是内部控制的重要组成部分。

按照反虚假财务报告委员会（COSO）的报告，内部控制整体框架是由控制环境、风险评估、控制活动、信息与沟通、监督五个要素组成的。作为内部控制重要组成部分的财务控制，其理论发展经过了一个漫长的时期。随着控制理论在财务管理中的运用，企业对财务控制的需求不断增加，财务控制概念在企业经营管理理论和实践中已经被常使用，许多权威词典都对财务控制进行了阐述，对财务控制的解释也逐渐趋同。

按照《会计辞海》的解释，财务控制是指以政策、制度、计划（或目标）为依据，对财务活动进行约束、指导和干预，使之符合原定要求的管理过程。

根据《新会计大辞典》的解释，财务控制一般是指对企业、事业、行政单位各项财务活动，按照财务计划的要求进行严格的监督，把财务活动限制在计划规定的范围之内。发现偏差，及时进行纠正，不断总结经验，改进工作，从而保证财务计划的实现。

根据《现代会计百科全书》的解释，财务控制是利用财务反馈信息影响与调节财务活动，使之按照预定目标运行的过程。

从以上对财务控制概念的解释可以看出，财务控制主要是对财务活动的一项控制过程。但这些解释都侧重于对财务控制的过程和现象的描述，并没有提及财务控制的本质，即财务控制是内部控制的重要组成部分、财务管理的重要环节这一特征。

综上所述，财务控制可定义为：财务控制是指财务控制主体以法律、法规、制度、财务目标为依据，通过对财务活动进行约束、指导和干预，使之按既定的计划进行，确保企业战略目标实现的过程。它是内部控制的重要组成部分，是财务管理的重要环节，并与财务预测、财务决策、财务分析等一起构成财务管理系统。

从以上定义可以看出，财务控制是内部控制的重要组成部分，也是财务管理体系的重要环节。可以说，财务控制是内部控制的核心，是财务管理的重要环节。从财务管理的环节上看，财务管理主要分为财务预测、财务决策、财务计划、财务控制与财务分析，而财务控制在整个财务管理环节中起到了承前启后的作用。以财务预测和决策为基础的财务计划最终需要通过执行来完成，而要使实际执行情况能达到预期的计划或目标，必须有相应的财务控制为保障；对于财务分析，其分析的对象就是财务活动的实际执行情况，是对财务控制效果好坏的评价，并为下一轮财务控制反馈相关信息。

因此，健全和完善财务控制是提高企业财务管理水平的关键。首先，财务控制是一种价值控制，它主要是借助价值手段进行的控制。各项财务控制方法，不论是责任预算、责任报告、业绩考核、风险管理，还是企业内部各机构和人员之间的相互制约关系，都需要借助价值指标和价值手段。其次，财务控制是一种综合控制。由于财务控制以价值为手段，将各种性质不同的业务综合在一起，因此财务控制并不是针对某一具体业务活动的分散控制，它不仅可以将各种性质不同的业务综合起来进行控制，也可以将不同岗位、不同部门、不同层次的业务活动综合起来进行控制。财务控制的综合性最终表现为其控制内容都归结到各种综合价值指标上。因此，财务控制较内部控制的其他方面而言，具有涉及面广、综合性强、灵敏度高的特点，从而成为内部控制的核心和切入点。

三、财务控制的特征

财务控制具有以下几方面的特征：

（1）财务控制的范围主要限于单位中那些能够用价值形式（货币）计量的经济活动，不能用货币计量的经济活动一般属于管理控制的范畴。

（2）财务控制的基本手段是会计处理程序及其他会计控制标准，而管理控制主要通过制度和方针政策来实施。因此，要求财务控制必须谨慎认真，来不得半点马虎。

（3）财务控制的主要目的是保证经济业务的执行符合管理者的要求，保证单位资产的安全、完整，并向有关方面保证单位的工作目标或经营目标的实现。

（4）从财务控制与审计的关系来看，财务审计所要评审的主要是会计控制制度，而在经营审计、经济效益审计中，除了评审会计控制制度外，还必须更多地评审管理控制制度。

（5）财务控制具有动态性特点。财务控制要求准确，但不是说企业的经营活动必须严格与战略或预算保持一致，而是应该随着企业环境、经营重心的变化而变化，这样才能提高财务控制的适应性和有效性。

（6）财务控制具有系统性特点。财务控制不是某个或某种状况，而是散布在企业经营中的一系列行动，并且与企业经营过程结合在一起，促使经营过程正常运转和持续进行。

四、财务控制的主体与客体

（一）财务控制的主体

财务控制的主体，是指对财务控制起决定作用的参与者，即财务控制的主动实施者。传统的认知认为，财务控制的实施者是财会人员，因此，财务控制的主体就是财会人员。然而，在现代企业制度和公司治理结构下，财务控制的内容和范围已经有了很大变化，再将财会人员作为财务控制活动的主体已经不恰当了。

按照委托代理理论，公司的股东、管理者、员工之间都存在着委托代理关系，因此，财务控制主体并不是简单的一个部门或者一个人的事情，而应该是一个综合的多层次的系统。首先，财务控制主体系统中的核心是公司的董事会。在现代企业制度下，公司法人治理结构框架中一个重要的特点就是董事会对经营管理者财务约束和控制的强化。根据我国《公司法》有关规定，董事会由创立大会或者股东大会选举产生。从董事会的职权来看，很容易得出这样的结论：公司治理结构以董事会为中心而构建，董事会对外代表公司进行各种主要活动，对内管理公司的财务和经营，只有董事会才能全方位负责财务决策与控制，董事会从本质上决定公司的财务状况。也就是说，以董事会为主体的财务控制是整体财务控制活动的第一层次。另外，位于财务控制主体系统第二层次的是公司各级经营管理者。由于公司规模的扩大和业务活动的复杂化，公司经营管理者会将一部分财产交给下级经营管理者进行经营管理，即出现了内部多层次经营管理的分权，这就出现了上级管理者与下级管理者之间、管理者与员工之间的委托代理关系。因此，公司各级经营管理者有必要对下级进行约束和控制，以确保公司财产安全完整、财务信息真实可靠以及公司战略目标的实现，而这些活动均是公司整体财务控制活动的一部分。在那些内部人控制现象比较严重的企业，经营管理者实际上是在财务控制中处于主导地位的。

因此，财务控制不仅仅是财务部门的工作，也不仅仅是企业经营管理者的责任，更不能说是股东自己的事情。财务控制的主体是以公司董事会为中心，各级经营管理者为补充的一个综合的多层次的系统。

（二）财务控制的客体

财务控制的客体是指财务控制的对象或要素。概括地说，财务控制的对象是企业的财务活动，具体来讲则是与企业财务活动相关的利益主体和利益关系。首先，财务活动的执行者是人（经营管理者、员工等）；其次，财务活动的载体是各种不同的财务资源（资金、技术、信息、人力等）；最后，财务活动过程会发生很多财务关系。因此，财务控制的客体具体应该包括人力资源、财务资源及各种财务关系。

1. 人力资源

财务控制是控制者对受控制对象的制约过程，这个受控制的一般对象就是企业的财务活动。由于财务活动的执行者是包括管理者和员工等在内的利益关系人，因此，财务控制的客体具体来说首先是包括管理者和员工等在内的利益关系人，以及由此形成的企业内外各方面的利益关系。

（1）管理者主要包括企业总经理层和财务经理层。管理者是财务控制主体实施控制措施的第一执行者，因此，管理者的素质和品行会直接影响财务控制目标实现的程度。其中，管理者的素质包括管理的知识水平、技能与管理理念等。管理者的素质不同，对企业发展所产生的影响也就完全不同。管理者的素质直接影响到企业的行为，进而影响到财务控制的效率和效果。管理者的品行包括操守、道德观、价值观。企业制定的任何制度都不可能超越设立这些制度的人，企业财务控制的有效性同样也无法超越那些创造、管理与监控制度的人的操守、道德和价值观。管理者的品行不仅对企业财务控制的效率和效果会产生深远的影响，而且会直接影响到下级员工的道德行为和品行。如果管理者有良好的品行，企业内部必然会形成一种凝聚力而积极向上；反之，如果管理者品行不正，则很可能造成企业内部腐败成风的局面，那么，企业财务控制的目标则很难得以实现。企业管理者对内部财务控制的影响常常表现为两个方面：一方面是保障作用。管理者将内部财务控制作为一种重要的管理手段，在尽力用权力维护其有效运行的同时，对控制的遗漏和功能缺陷进行弥补和完善，使内部财务控制为实现经营目标服务。从这个意义上说，强化内部财务控制是管理者应尽的责任。如果企业内部财务控制疏漏造成职工舞弊，管理者就要承担相应责任。另一方面是抑制作用。管理者支配内部财务控制的权力，如果被不当行使，或者在既定的制度环境下，自设特例绕过制度或变通处理有关业务，就会使制度的执行随人的主观意志而存在不应有的弹性，这样势必导致内部财务控制的功能大大削弱，严重的将会引起"群体越轨"现象，使财务控制制度形同虚设。从某种意义上说，管理者违反制度比没有制度更可怕。所以，企业管理者的素质决定了内部财务控制的方向、效率，决定了财务控制目标的实现程度。

（2）员工是财务控制政策的最终和具体执行者。在企业内部控制中，无论是对财产的控制，还是对物的控制，其基准点都在于人的控制。这是因为任何完美的内部控制系统，都会因设计人员经验和知识水平的限制而带有缺陷。此外，执行人员的粗心大意、精力分散、判断失误及对指令的误解等，也可能使内部控制系统陷于瘫痪。因此，内部财务控制的成效，关键在于职工的素质高低。员工素质对财务控制的影响因素主要有员工的诚实性和道德观、员工的胜任能力等。因此，企业必须建立这样一种机制，使每一个员工的行为意愿都与财务控制实施主体的意图一致，并且能够积极主动地朝着财务控制主体的意图去执行。因此，企业应该正确处理好员工和控制的关系，建立科学完善的聘用、培训、轮岗、晋升、淘汰等人事管理制度和操作程序，制定严格的个人收入和工作业绩挂钩的薪酬制度和分配制度。对新员工进行企业文化和道德价值观的导向培训，对违反行为规范的任何事项，制定纪律约束与处罚措施，对业绩良好的员工，制定具有奖励和激励作用的报酬计划，根据阶段性的业绩评估及其结果，对员工予以奖励、晋升或提拔。这是保证企业组织中的所有成员都具有一定水准的诚信、道德观和职业能力的人力资源政策、方针与实践，也是内部控制有效执行的关键因素之一。

2.财务资源

财务资源通常指企业的资本（包括人力资本和财务资本）以及与其相对应的资产。

（1）人力资本所强调的是人力资源在生产过程中的使用。人力资源用以作为获取利润的手段时，即被赋予了人力资本的内涵。人力资本的载体是人力资本的真正所有者——劳动力。作为资本的人力资本的价值与财务资本有着截然不同的区别，即人力资本的使用是其知识和技能的运用，在使用过程中可以创造出其自身价值的价值，而且会通过劳动经验的积累，或通过自身的建设而增加其价值。由于人力资本是依附于其所有者的，两者不能严格分离出来，因此对人力资本的控制，重要的是对人力资本所有者的控制，也就是对"人"的控制。对"人"控制好了，人力资本就得到了控制。

（2）财务资本是指企业各类有形或无形资产用货币表现的价值。财务资本按其来源可以分为债务资本和权益资本。作为财务控制客体的财务资本包含了资本运动全过程中所体现的各种形态的资本。财务资本是企业基本的财务资源。在企业生产三要素中，劳动对象和劳动手段都可以用价值形式表现为财务资本，即通常意义上的资本。财务资本是指能够在运动中不断增值的价值，这种价值表现为企业为开展生产经营活动所流出的现金。资本的最初形态是货币，通过货币购买各种生产经营要素，通过生产实现价值的转移和增值，通过销售完成价值的实现，从而使资本在再生产过程中不断地循环和周转。

（3）财务关系。财务关系是指企业在组织资本运动过程中形成的与各方面利益关系人之间的经济关系，包括企业与投资者之间、企业与其投资对象之间、企业与债权人之间、企业与债务人之间、企业与政府各管理部门之间、企业与员工之间等各方面的经济利益关系。这些财务关系也是财务控制的客体，财务控制活动只有把这些财务关系作为重要的控制内容和控制对象（控制的客体），才能使财务控制活动趋于完整和充实。

五、财务控制的分类

财务控制可以按控制的内容、控制权的集中度、控制层次及控制时间进行分类：

（1）按控制的内容分，财务控制包括货币资金控制、应收款项控制、存货控制、投资控制、固定资产控制、无形资产及其他资产控制、负债控制、所有者权益控制、收入控制、成本费用控制、利润控制及财务风险控制等。

（2）按控制权的集中程度分，财务控制分为集中控制、分散控制和分级控制三种。集中控制是指由一个控制中心对所有子系统的信息进行集中加工、处理，集中做出指令，操纵所有子系统的财务活动的一种控制方式。分散控制是指由多个控制中心分别控制一定数量子系统的一种控制方式。分级控制则是在一个最高控制中心的领导下，按照整个系统内在结构层次，设立若干不同级别的控制中心，层层控制。

（3）按控制主体的层次划分，财务控制可分为高层控制、中层控制和基层控制。高层控制是由公司管理高层（如董事会、总经理等）通过审议决定公司的财务发展规划及重大财务方案、制定和分解财务预算指标、拟定和颁布财务管理制度、决定重大财务偏差的调整等形式对公司财务所实施的控制。中层控制是由受公司管理高层领导的中层管理人员，根据高层控制的目标和指令，进行分解落实与执行控制。基层控制则是由基层业务人员在日常的工作活动中，根据上级分解下来的财务控制目标和指令，执行具体的预算、分析、考核等控制活动。上述三个层次的控制之间相互联系、相辅相成，上层控制为下层控制提供控制的目标和依据，下层控制则是上层控制的深化和具体。

（4）按控制的时间划分，可分为事前控制、事中控制和事后控制。事前控制是在实际财务活动发生之前所实施的控制。这种控制的目的在于防止问题的发生。这种控制的职能作用在于通过制定和分解财务计划、预算，拟订和颁布控制制度等为后期的财务活动提供约束标准和行为规范。事中控制是在实际财务活动过程中所实施的控制。这种控制在问题发生时能及时予以纠正，以免发生重大的损失。事后控制是在财务活动结束后采取的控制。这种控制虽无法弥补前一过程已经产生的损失，但可以向管理当局提供关于计划和预算实施效果的信息，同时也可以通过业绩评价、风险评价等来为财务管理提供信息。

六、财务控制的基本原则

（一）合法合规性原则

财务控制制度应当符合国家有关法律法规以及企业的实际情况。合法合规性原则是指企业财务控制制度的建立必须符合国家的法律法规和政策，必须把国家的法律法规和政策体现到财务控制制度中。这一原则是任何一个企业建立财务控制制度的前提条件。我国现在正在发展社会主义市场经济，众多企业生产的目的就是以尽量少的物化劳动和活劳动消耗，生产出尽可能多的、符合社会需要的产品，以满足人民日益增长的物质文化和生活水平的需要。国家机关制定的法律法规，体现了广大人民群众的根本利益，并对企业的生产经营活动起到了强制性和指导性作用。因此，企业在建立、维护和修订其财务控制制度时，要以国家的法律法规和政策为依据。

由于每个企业的实际情况各不相同，因此，现实中不存在一个完全固定的财务控制模式。各企业在制定本企业的财务控制制度时，必须结合自身的具体情况，切勿照抄照搬其他企业的财务控制制度，或不顾企业的实际情况，好高骛远，使制定出来的财务控制制度无法与企业进行有效的匹配，难以发挥企业财务控制制度的作用。

（二）全面性和系统性原则

财务控制制度应当涵盖企业内部涉及财务工作的各项经济业务及相关岗位，并针对业务处理过程中的关键控制点，将控制活动落实到决策、执行、监督、反馈等各个环节中，即企业财务控制应当坚持全面性和系统性原则。

全面性原则是指财务控制必须从会计核算、会计监督及财务管理的角度，将触角渗透到企业各项业务过程和各个操作环节，覆盖所有的部门和岗位，不能有所遗漏。财务控制的全面性包括了全过程性和全员性。财务控制是对企业的整个经营管理活动进行监督和控制，它贯穿企业经营活动的各个方面，不仅包括企业最高管理者授权购货、生产等经营活动的各种方式、方法，也包括核算、审核、分析各种信息资料及报告的程序与步骤，还包括为企业经济活动进行综合计划、控制和评价而制定或设置的各项规章制度。也就是说，只要存在企业经济业务活动和经营管理，就需要有相应的财务控制制度。企业管理层应针对人、财、物、信息各要素及各业务活动领域，在综合考虑自身的行业背景、经营规模等的基础上，制定出相对全面的财务控制制度。此外，由于企业中的所有部门和全体员工既是财务控制的主体，又是财务控制的客体；既要对其负责的活动实施控制，又受其他人员或制度的监督与制约。因此，在制定财务控制制度时，必须充分调动各个部门及员工的积极性，这样才有利于做到人人、事事、时时都能遵循财务控制制度，才能充分发挥财务控制制度的作用。

系统性原则是指企业在设计财务控制制度时，必须按照系统论的观点，使各部门和各岗位形成既相互制约又具有纵横交错关系的统一整体，以保证各部门和各岗位均能按特定的目标相互协调地发挥作用，从而发挥财务控制系统的总体功能，实现财务控制的总体目标。系统是一组有联系的元素的组合，各元素之间相互联系、相互制约，从而形成一个有机统一体。每个企业都是由相互联系的一组元素（如人、财、物、信息等）组成的，在进行财务控制制度设计时，应遵循系统性原则，运用系统论观点与系统方法的整体性、全面性、层次性、相关性和动态平稳性等，设计出纵横交错的财务控制网络与点面结合的控制系统。

（三）内部牵制原则

财务控制制度应当保证企业内部涉及财务工作的机构、岗位的合理设置及职责权限的合理划分，坚持不相容职务相互分离，确保不同机构和岗位之间权责分明、相互制约、相互监督。这也就是说，财务控制制度的核心在于实行权责明确、相互制衡的内部牵制制度。内部牵制是指在部门与部门、员工与员工及各岗位间所建立的互相验证、互相制约的关系，它属于企业财务控制制度的一个重要组成部分，其主要特征是将有关责任进行分配，使单独的一个人或一个部门对任何一项或多项经济业务活动没有完全的处理权，必须经过其他部门或人员的查证核对。从纵向来说，至少要经过上下两级，使下级受上级的监督，上级受下级的牵制，各有顾忌，不敢随意妄为；从横向来说，至少要经过两个互不相隶属的部门或岗位，使一个部门的工作或记录受另一个部门工作或记录的牵制，借以相互制约，防止或及早发现错弊。一般而言，坚持内部牵制原则可以使每项业务的处理既不会被某一个人所包办，也不会因为由于多人经手而没有相互牵制，从而确保每项经济业务都经过两个或两个以上的部门或人员的处理，达到相互监督、相互制约、纠错防弊的目的。

（四）成本效益原则

财务控制制度应当遵循成本效益原则，以合理的控制成本达到最佳的控制效果。这是企业进行财务控制所应遵循的一个重要原则。

企业作为一个经济实体，最关心的就是经济效益问题。成本效益原则是任何企业进行经济活动所必须遵循的一项原则。企业制定财务控制制度，目的在于能有效地防止错误与舞弊，提高企业的经济效益。就财务控制本身而言，财务控制的环节、措施等各方面越复杂、越严密，控制的效果就可能越好。但是，与此相对应，建立、维护和修订这套财务控制制度的成本也相应提高。再者，企业财务控制制度并不以完全消除错误与舞弊为目的，实际上也不可能完全消除错误与舞弊。财务控制制度主要是创造一种为防范滥用职权而投入的成本与因滥用职权而造成的累计损失数（一般指直接损失额）之比呈合理状态的机制。因此，各种控制程序和方法的成本不应超过错误或潜在风险可能造成的损失和浪费。企业在制定财务控制制度时，必须运用科学的经营管理方法以降低成本、提高经济效益，力争以最小的控制或管理成本获取最大的经济效益。

坚持成本与效益原则要求企业在设计财务控制制度时要注意两点：一是实行有选择的控制，即应正确地选择控制点，以避免控制点过多而造成不经济，或控制点过少而使控制制度无效果；二是要努力降低控制的各种耗费，应尽量精简机构和人员，改进控制方法和手段，减少过于复杂的手续和程序，避免重复劳动，使企业能因工作简化、效率提高而节省费用。

（五）信息反馈原则

坚持信息反馈原则指的是企业在设计财务控制制度时，应根据信息反馈过程及各阶段的特征，在企业内部设置严密的记录和报告等信息反馈系统，使各控制主体能够及时了解控制措施的执行情况，不失时机地行使权力，履行责任，调整生产经营活动，有效实现内部控制的目标。例如，在企业内部实行职责分工、职务分离，保证提供信息的准确性与可靠性；建立严格的账务处理和凭证传递程序，确保反馈渠道及时、通畅；在反馈过程的关键点或平衡点建立严格的控制手续，并建立经常性的核对制度，减少并能及时发现错误与舞弊；建立报告、分析制度，便于及时采取纠正措施，避免或减少可能造成的损失；等等。

（六）权责明确、奖惩结合原则

坚持权责明确、奖惩结合原则是指企业在建立财务控制制度过程中，应根据各岗位和部门的职能与性质，明确各部门及人员应承担的责任范围，赋予其相应的权限，规定操作程序和处理手续，确定追究、查处责任的措施与奖惩办法等。做到事事有人管、事事有人做、办事有标准、权有所属、责有所归、利有所享，避免发生越权行为或争权夺利、互相推诿现象。

任何企业要实现其既定的组织目标，必须制定一整套符合企业管理需要和生产实际的组织方案，建立健全企业岗位责任制，明确各自的责任。企业员工的职责与权利必须相互匹配，要履行一定的职责，就应该赋予其相应的权利。只履行职责而无权利或权限太小，则其职责承担者的积极性和主动性必然受到束缚，最终也不可能承担起应有的责任；反之，只拥有权利而不负责任或责任太小，必将导致滥用权利，产生官僚主义等。因此，坚持权责明确、奖惩结合原则，就是贯彻以责任为中心、权利为保证、利益为手段，这也是确保企业财务控制制度发挥有效作用的前提。

七、财务控制的基本内容

（一）货币资金控制

货币资金包括库存现金、银行存款和其他货币资金。货币资金控制的内容主要是库存现金、银行存款和其他货币资金的收入、支出、结存等环节发生的经济业务。此外，由于货币资金的收支需要办理各种结算票据的填写和签章，因此，货币资金控制的内容还包括票据和印鉴的使用和保管环节。

（二）应收款项控制

应收款项是指企业在日常生产经营过程中发生的各种债权，包括应收账款、应收票据、其他应收款和预付账款等。应收款项控制的内容主要包括应收账款控制，如应收账款信用控制、应收账款核算控制、应收账款余额控制、应收账款坏账控制、应收账款收账控制、应收账款成本控制、应收账款业务流程控制、应收账款变现控制等；应收票据控制，如应收票据确认控制、应收票据贴现控制、应收票据抵押控制、应收票据转让控制、应收票据保管控制、应收票据注销控制等；其他应收款控制，如其他应收款增减变动控制、其他应收款坏账损失控制、其他应收款余额控制、其他应收款清理控制等。

（三）存货控制

存货是指企业在日常生产经营过程中持有以备出售，或者仍然处在生产过程中，或者在生产或提供劳务过程中将消耗的材料或物料等，包括各类材料、商品、在产品、半成品、产成品等。存货控制主要是对上述各类材料、商品、在产品、半成品、产成品等的采购、生产、入库、出库、耗用、销售、盘点、处置、保管等环节进行控制。

（四）投资控制

这里所说的投资仅指对外投资，它是指企业期望通过分配来增加财富，或为谋求其他利益，将资产让渡给其他单位而获得另一项资产的活动。按照投资目的和持有期限的不同，投资可以分为短期投资和长期投资；按照投资方式的不同，投资可以分为直接投资和间接投资；按照投资形式的不同，投资可以分为股权投资、债权投资和其他投资；按照投资出资方式的不同，投资可以分为现金投资、实物资产投资和无形资产投资。投资控制的内容就是上述各种投资的发生、持有、减值、转让、处置、损益确认等环节发生的各种经济业务。

（五）固定资产控制

固定资产是指企业使用期限超过1年的房屋、建筑物、机器、机械、运输工具，以及其他与生产、经营有关的设备、器具、工具等。不属于生产经营主要设备的物品，单位价值在2000元以上，并且使用年限超过2年的，也应当作为固定资产。固定资产控制就是对各种固定资产的增加、使用、减少等环节实施控制。其中，固定资产增加环节的控制主要包括外购固定资产的审批、计价、付款、安装、验收、交付使用、入账等环节的控制，以及自制固定资产的立项审批、建造、验收、交付使用、入账等环节的控制。固定资产使用环节的控制主要包括折旧、维修、减值、保全等环节的控制。固定资产减少环节的控制主要包括正常报废、非正常报废、转售等环节的控制。

（六）无形资产及其他资产控制

无形资产是指企业为生产商品或者提供劳务、出租给他人，或为管理目的而持有的、没有实物形态的非货币性长期资产。无形资产分为可辨认无形资产和不可辨认无形资产。可辨认无形资产包括专利权、非专利技术、商标权、著作权、土地使用权等；

不可辨认无形资产是指商誉。其他资产是指除了流动资产、长期投资、固定资产、无形资产以外的其他资产，如长期待摊费用等。无形资产及其他资产控制的内容主要是指对无形资产的取得、使用、摊销、减值、处置等环节进行控制，以及对其他资产的发生、摊销等环节进行控制。

（七）负债控制

负债是指企业过去的交易、事项形成的现时义务，履行该义务预期会导致经济利益流出企业。负债按照其流动性大小分为流动负债和长期负债。其中：流动负债主要包括短期借款、应付账款、应付票据、应付工资、其他应付款、应交税金、其他应交款等；长期负债主要包括长期借款、应付债券和长期应付款等。负债控制就是对负债总额、负债结构进行控制，以及对负债的发生、还本付息、债务重组等环节进行控制。

（八）所有者权益控制

所有者权益是指所有者在企业资产中享有的经济利益，其金额为资产减去负债后的余额。所有者权益包括实收资本（股本）、资本公积、盈余公积和未分配利润等。所有者权益控制的内容主要是实收资本（股本）的增加、减少等环节，资本公积的形成、使用等环节，盈余公积的计提、使用等环节，以及未分配利润的再分配等环节所发生的经济业务。

（九）收入控制

收入是指企业在销售商品、提供劳务及他人使用本企业资产（或让渡资产使用权）等日常活动中所形成的经济利益的总流入。收入包括主营业务收入和其他业务收入；收入不包括为第三方或客户代收的款项。收入控制的内容就是收入实现过程中所发生的各项经济业务，以及这些经济业务所涉及的各种单证，包括销售定价控制、销售合同控制、销售发货控制、销售收款控制、销售发票控制、销售收入确认与计量控制、销售成本结转控制等。

（十）费用成本控制

费用是指企业为销售商品、提供劳务等日常活动中所发生的经济利益的流出，包括生产费用和期间费用。其中，生产费用主要包括直接材料费、直接人工费和制造费用，期间费用主要包括营业费用、管理费用和财务费用。成本是指企业为生产产品、提供劳务而发生的各种耗费，各种耗费按照特定的产品或劳务进行归集后就构成了产品生产成本或劳务成本。费用成本控制的内容主要是上述各种费用成本在发生、确认、计量、记录等过程中所涉及的经济业务。

（十一）利润控制

利润是指企业在一定会计期间的经营成果，包括营业利润、利润总额和净利润。

其中，营业利润是指主营业务收入减去主营业务成本和主营业务税金及附加，加上其他业务利润，减去营业费用、管理费用和财务费用后的金额。利润总额是指营业利润加上投资净收益、补贴收入、营业外收入，减去营业外支出后的金额。净利润是指利润总额减去所得税后的金额。利润控制主要就是对利润的形成过程和分配过程进行控制，包括利润总额控制、利润构成控制、净利润控制和利润分配控制等。

（十二）财务风险控制

风险是指企业在其经营活动过程中，由于各种事先无法预料的不确定因素带来的，使企业蒙受损失或获得额外收益的可能性。财务风险有广义和狭义之分。狭义的财务风险是指由于企业负债筹资所引起的到期不能偿还债务的可能性。根据狭义的财务风险定义，财务风险只与负债筹资有关，如果一个企业没有负债，就不会有财务风险。广义的财务风险是指企业财务活动中由于各种不确定性因素的影响，导致企业价值增加或减少的可能性，从而使各利益相关者的财务收益与期望收益发生偏离。财务风险控制主要是从广义财务风险的角度对企业投资活动风险、筹资活动风险、营业活动风险、分配活动风险和企业综合风险进行控制。

八、财务控制的基本方法

（一）不相容职务相互分离控制法

不相容职务相互分离控制法要求企业按照不相容职务相互分离的原则，合理设置会计及相关工作岗位，明确职责权限，形成相互制衡机制。不相容职务主要包括：授权批准与业务经办、业务经办与会计记录、会计记录与财产保管、业务经办与稽核检查、授权批准与监督检查等。

根据财务控制的要求，企业在确定和完善组织结构的过程中，应当遵循不相容职务相互分离的原则。所谓不相容职务，是指那些如果由一个人担任，既可能发生错误和舞弊行为，又可能掩盖其错误和弊端行为的职务。换言之，对不相容职务，如果不实行相互分离的措施，就容易发生舞弊等行为。企业的经济活动主要由以下几个步骤：授权、签发、核准、执行和记录。一般情况下，如果上述每一个步骤都由相对独立的人员或部门来实施，就是遵循了不相容职务相互分离原则，从而有利于企业财务控制制度发挥作用。应当加以分离的职务通常有：授权与执行某项经济业务的职务要分离；执行某项经济业务的职务与审核该项业务的职务要分离；执行某项经济业务的职务与记录该项业务的职务要分离；保管某项财产的职务与记录该项财产的职务要分离；等等。不相容职务分离是基于这样的假设，即两个人无意中同犯一个错误的可能很小，而一个人舞弊的可能性要大于两个人。如果突破这个假设，不相容职务的分离就不能起到控制作用。

不相容职务分离的核心是"内部牵制"。企业在设计、建立财务控制制度时，首先应确定哪些岗位和职务是不相容的；其次要明确规定各个机构和岗位的职责权限，使不相容岗位和职务之间能够相互监督、相互制约，形成有效的制衡机制。

（二）授权批准控制法

授权批准控制法要求企业明确规定涉及会计及相关工作的授权批准的范围、权限、程序、责任等内容，企业内部的各级管理层必须在授权范围内行使职权和承担责任，经办人员也必须在授权范围内办理业务。

授权批准是指企业在办理各项经济业务时，必须经过规定程序的授权批准，否则就是越权审批。授权批准控制法可以保证企业按既定方针执行业务，防止出现滥用职权行为。

1. 授权批准的形式

授权批准按其形式可分为一般授权和特别授权两种。

（1）一般授权。一般授权是对办理常规性的经济业务的权利、条件和有关责任者做出的规定，这些规定在管理部门中采用文件形式或在经济业务中规定一般性交易办理的条件、范围和对该项交易的责任关系。例如，管理层规定某些赊销政策，当符合这些政策的客户申请赊销时，业务人员就可按这些政策的授权办理赊销业务；企业在日常业务处理中，可以按照规定的权限范围（包括制定产品销售价格的权利、购买固定资产的权利及招聘员工的权利等）和有关职责自行办理相关业务。

（2）特别授权。与一般授权不同，特别授权指授权处理非常规性交易事件，它只涉及特定的经济业务处理的具体条件及有关具体人员，如企业的重大筹资行为、投资决策、资本支出和股票发行等。特别授权也可以用于超过一般授权限制的常规交易。

2. 授权批准的控制

财务控制要求在执行每一项经济业务时都经过授权，或是一般授权，或是特别授权。每一项经济业务的处理都与其批准条件相符合。为了实现这些目标，企业必须对授权批准进行控制。

（1）明确一般授权和特别授权的责任。企业要规定一般授权的管理层次、范围，每个管理层次一般授权的内容标准；同时也要规定特别授权要求及各管理层次特别授权限度。

（2）明确每类经济业务的授权批准程序。企业的经济业务既包括企业与外企业之间资产与劳务的交换，也包括在企业内部资产和劳务的转移和使用。因此，每类经济业务会有一系列内部相互联系的授权批准程序。例如，在销售业务中，管理层授权销售经理确定销售价格，以便由推销员向其顾客开价和开出订货单；同时还要授权赊销部门决定是否要予以赊销。一份销售价目表和既定的销售政策就是向推销员提供了就某一产品向某一客户开价和开订单的一般授权。信用部门经理对订单审查批准后予以赊销，经过审查批准的订单则成为开票的员工编制装运单据的授权证明，装运单据又成为发货部门运送货物的授权证明。销售经理审查有关销售凭证时，就是以一种事后检查的形式对交易做出最后的批准。

（三）会计系统控制法

会计系统控制法要求企业依据我国《会计法》和国家统一的会计制度，制定适合本企业的会计制度，明确会计凭证、会计账簿和财务会计报告的处理程序，建立和完善会计档案保管和会计工作交接办法，实行会计人员岗位责任制，充分发挥会计的监督职能。

会计系统建立的目的就是以货币为计量单位，对企业经济活动进行记录、计算、反映和控制。会计系统对内能够向管理层提供经营管理活动的诸多信息，对外可以向投资者、债权人等提供用于投资等决策的信息，是企业内部控制的组成部分。会计系统控制的主要内容包括：① 建立会计工作的岗位责任制，对会计人员进行科学合理的分工，使之相互监督和制约；② 按规定取得和填制原始凭证；③ 设计良好的凭证格式；④ 对凭证进行连续编号；⑤ 规定合理的凭证传递程序；⑥明确凭证的装订和保管手续责任；⑦ 合理设置账户，登记会计账簿，进行复式记账；⑧ 按照《会计法》和国家统一会计制度的要求编制、报送、保管财务会计报告。

（四）预算控制法

预算控制法要求企业加强预算编制、执行、分析、考核等环节的管理，明确预算项目，建立预算标准，规范预算的编制、审定、下达和执行程序，及时分析和控制预算差异，采取改进措施，确保预算的执行。预算内资金实行责任人限额审批，限额以上资金实行集体审批。严格控制无预算的资金支出。

预算是以金额、数量、其他价值形式或几种形式的综合方式反映企业未来（通常是1年）业务的详细计划。预算控制也称为全面预算控制，是内部控制的重要组成部分，其内容可以涵盖企业经营活动的全过程，包括筹资、采购、生产、销售、投资等多方面。通过预算的编制和检查预算的执行情况，比较分析内部各单位未完成预算的原因，并对未完成预算的不良后果采取改进措施，确保各项预算的严格执行。预算既可控制各项业务的支出，又能控制整个业务的处理。

预算控制的作用主要有以下几个方面：① 确定企业的整体目标，制订为达到这一目标所应有的各类业务计划和为配合业务计划而应有的财务收支计划；② 在业务执行和收支执行的过程中，随时注意不与原计划脱节，并在必要时对计划进行调整，以确保计划的可执行性；③及时和定期做出反映实际和预算的业绩报告，以公正考核工作成果，并及时纠正偏差，确保预定目标的实现；④ 通过预算划分权责，使企业高层管理当局保持集中控制的效力，同时对各级管理人员赋予一定的责任。

在实际工作中，预算编制不论采用自上而下或自下而上的方法，其决策权都应落实到企业内部管理的最高层，由这一权威层次进行决策、指挥和协调。预算的执行层由各预算单位组织实施，并与对等的权、责、利相匹配，由内部审计部门负责监督预算的执行。

（五）财产保全控制法

财产保全控制法要求企业限制未经授权的人员对财产的直接接触，采取定期盘点、财产记录、账实核对、财产保险等措施，确保各种财产的安全完整。财产保全控制主要包括以下四个方面的内容：

1. 接近控制

接近控制就是严格限制无关人员对实物资产的接触，只有经过授权批准的人员才可接触资产。接近控制既包括对资产本身的直接接触，又包括通过文件批准对资产使用或分配的直接接触。一般情况下，对货币资金、有价证券、存货等变现能力强的资产必须限制无关人员的直接接触，间接接触的限制可通过保管、批准、记录及不相容职务的分离和授权批准来实现。

2. 定期盘点控制

定期盘点控制是指定期对实物资产进行盘点，并将盘点结果与会计记录进行比较，盘点结果与会计记录如不一致，可能说明资产管理上出现错误、浪费、损失或其他不正常现象，应当及时采取相应的措施加强管理。企业内部控制中保管职责与记录职责的划分，只有通过定期盘点控制才有意义。

3. 会计记录要妥善保管

首先，应该严格限制接近会计记录的人员，以保持保管、批准和记录职务分离的有效性；其次，会计记录应妥善保存，以便尽可以减少受损、被盗或被毁的机会；最后，对某些重要资料（如定期的财务报告）应留有备份记录，以便在遭受意外损失或毁坏时重新恢复，在运用计算机处理账务时，备份记录更为重要。

4. 保险

通过对资产投保火灾险、盗窃险、责任险及其他途径来减少实物资产受损的程度和机会，从而保护企业实物的安全。企业高级管理人员应根据企业经营水平和业务性质的变化，做出保险覆盖率水平决策，并应定期检查该项覆盖率水平的决策是否正确。

（六）风险控制法

风险控制法要求企业树立风险意识，针对各个风险控制点建立有效的风险管理系统，通过风险预警、风险识别、风险评估、风险分析、风险报告等措施，对财务风险和经营风险进行全面防范和控制。

风险按其形成原因一般可分为经营风险和财务风险两大类。经营风险是指因生产经营方面的原因给企业盈利带来的不确定性。企业外部和内部的诸多因素，具有很大的不确定性，对企业的生产经营活动产生不可估量的影响，如原材料的供应状况、产品的市场销售情况等。财务风险又称为筹资风险，是指由于举债而给企业财务状况带来的不确定性。企业取得借款，需要还本付息，一旦债务到期，企业无力偿还，便会陷入财务困境甚至破产。因此，企业应通过建立有效的风险管理系统，加强对经营风险和财务风险的控制。

风险控制一般包括以下内容：

（1）实施风险权限管理。直接操作人员的经济业务活动必须严格限制在规定的风险权限之内。为防范和化解市场风险，管理层必须制定严密的风险防范措施。

（2）建立风险控制责任制度。在企业中建立风险控制责任制度，有利于增强有关人员的责任感，降低经济业务发生风险的可能性。同时，应对风险责任进行进一步的细分，明确各当事人在事前、事中和事后各自不同的风险控制责任。

（3）建立风险预警系统。风险预警就是对潜在的风险进行预先警示，以防患于未然。企业应充分利用现有的各种渠道，加强对企业内外部环境的分析，特别是市场环境的分析研究，及时了解这些环境变化给企业的经济活动带来的影响，以及可能带来的风险，以便企业能及时采取有效的措施进行风险防范。

（4）开展风险识别。风险识别就是要求企业对各类风险有清醒的认识和正确的鉴别力，分清什么是主要风险、什么是重大风险，从而为风险控制提供依据。

（5）进行风险评估。进行风险评估的关键是制定项目风险评估和项目责任控制制度，通过制定项目操作流程和作业标准等措施，以便企业能针对不同的项目进行风险防范。尤其要注意的是，由于资金在企业中的重要地位，企业应重视资金的风险评估与监测，建立和完善相关制度，以确保资金使用的安全。例如，严格控制资金的流动性风险，对每笔资金的使用进行授权控制，对较大的资金项目在使用前必须进行严格的风险收益评估，各项资金保持合理的比例，同时必须控制在企业可承受的风险范围内。

（6）实行风险分析。风险分析就是运用专门的方法，从定性和定量的角度对企业的经营风险和财务风险的存在原因进行分析，对企业防范风险的能力、条件进行评估，对企业外部环境变化可以对全企业的优势和机会产生影响的程度进行全面、综合考虑，为今后的风险防范提供重要的信息资料和有效的依据。

（7）建立风险报告制度。风险报告，就是要将风险分析、风险评估、风险识别的结果向企业的风险管理部门和企业领导提交专门报告，并表明自己的意见和看法，此举有利于企业高层管理者确定如何抵御风险，确保企业的安全平稳运作。

（七）内部报告控制法

内部报告控制法要求企业建立和完善内部报告制度，全面反映经济活动情况，及时提供业务活动中的重要信息，增强内部管理的时效性和针对性。

企业的经营管理方针政策是否得到贯彻落实、管理层的各项决策是否得到了有效执行、企业经营管理中存在哪些需要改进和完善的方面等，这些都需要及时反馈给企业高层管理当局，以便其做出正确的判断和决策，而企业的内部报告则能提供这些信息，起到"下情上传"的作用。

1. 企业内部报告的编制要求

（1）内部报告的编制必须与企业的组织结构相结合，以明确各部门主管人员的责任。

（2）内部报告的内容，应符合"例外管理"原则，凡属不正常或在不可控范围之内的事项，应予以反映或加以强调。

（3）内部报告的格式和内容必须简明易懂，避免烦琐难学。

（4）报告的编制必须及时。

（5）内部报告的种类由各企业根据各自的实际情况自行设计，可以由财会人员负责，也可由财会、业务和管理人员共同完成。内部报告可以是日报、周报、月报、年报等。

2. 内部报告的内容

任何管理形式和程序都要有对管理行为负有责任的授权记录；在正式说明经营状况和经营成果时，应有记录报告制度；涉及管理者的控制和决策的相关经济业务，必须及时记录。编制内部报告时应考虑的因素主要有：报告责任的划分；可控与不可控项目的划分；报告的时间范围；报告与计划的差异；报告建议或说明。

（八）电子信息技术控制法

电子信息技术控制法要求企业运用电子信息技术建立财务控制系统，减少和消除人为操纵因素，确保财务控制的有效实施；同时要加强对财务会计电子信息系统开发与维护、数据输入与输出、文件储存与保管、网络安全等方面的控制。

电子信息控制的内容包括两个方面：一是实现内部控制手段的电子信息化，尽可能地减少和消除人为操纵的因素，变人工管理、人工控制为计算机、网络管理和控制，财务控制手段的变化给内部控制带来了新内容和新活力，这将有利于财务控制发挥更大的作用；二是对电子信息系统的控制，具体包括规划控制、组织控制、系统开发与维护控制、系统的安全控制、应用控制等。

第五节　财务分析

一、财务分析的概念

（一）财务分析的本质

财务分析是以企事业单位财务报告所提供的财务指标及有关其他经济信息为主要依据，对企业的财务状况、经营成果及现金流量等进行剖析、解释和评价的一种经济管理。分析是人们观察、了解、把握客观事物的最根本方法之一，财务分析则是人们认识、了解、观察、把握财务活动的最根本方法之一。任何经济管理都是基于人们对管理对象的认识、了解，并以其掌握客观经济活动规律而展开的。因此，财务分析是企业经济管理的重要内容和环节。企业财务分析作为分析过去、预示未来的一种基本方法，它既是企业财务管理的重要组成部分，又是企业会计核算的延续和扩展，更是会计监督的必要内容。因此，财务分析或会计报表分析是会计监管的重要内容和方法之一。

长期以来，人们从不同的侧面对财务分析的本质进行考察，从而将其表述为不同的认识和观点。常见的表述主要有：

财务分析是企业财务管理的重要环节。这种观点认为财务分析既是对已完成的财务活动的总结，又是财务预测的前提，在财务管理循环中起着承上启下的重要作用。

财务分析是财务报表分析的简称。财务分析是对财务报表数据进一步加工而进行比较、评价和解释的一种方法。记账、编表属于会计的核算功能，财务报表分析属于解释和评价的功能。财务报表分析是会计工作不可缺少的一个组成部分，企业会计人员的任务，不仅是记账、编表，而且在记账、编表的任务以外，还应当在用账、用表上发挥作用。

财务分析是指通过对会计报表间相关项目、同一会计报表各项目间的依存关系及各项目在总体中的比重进行对比分析，以深入了解企业财务状况和经营状况，发现其存在的问题，预测其发展趋势的一种经济活动分析。财务分析是企业经济活动分析的一项重要内容。

财务分析是一门经济管理科学。这种观点认为财务分析是解释、评价和指导财务活动的知识体系，是一门学科。

财务报表分析是对财务报表数据的利用和再加工，是信息分析在会计领域的应用。会计报表分析实际上就是财务利益关系者利用企业会计报表评估企业的现在和未来的一个重要工具。

据上述各种观点，财务分析的本质应从以下几方面加以认识：

（1）财务分析是会计和经济考核的一种基本方式。它是一种经济管理，表述了财务分析的本质。

（2）财务分析是财务管理的重要环节。财务分析可以为企业内部管理者以及其他经济利害关系人评估企业财务状况、经营业绩和现金流量等，制定投资决策或授信决策，或为政府管理部门制定宏观经济政策、财政政策、税收政策等提供重要参考。

（3）财务分析又是企业会计监管的重要内容与方法之一。它是会计核算的深入和延续，是会计人员用账、用表，发挥其经济管理职能的重要方面；财务分析是会计考核的重要工作之一；财务分析还是会计监督职能的重要组成部分。分析就是察看、督促，财务分析就是财务与会计检查、财务与会计督促。

（4）财务分析的主要依据是企业的财务报表或财务信息披露资料，但是不仅仅局限于财务报表或财务信息披露的信息资料。财务分析的基本内容是企业的财务状况和经营状况及现金流量；财务分析的基本方法是比较、鉴别和解释。

综合上述认识，财务分析是对企事业单位的财务状况、经营成果及现金流量等进行剖析、解释和评价的一种经济管理。财务管理需要进行财务分析，强化会计监管职能也需要进行财务分析，只是在某些情况或不同时期二者的分析目的、分析角度、分析范围及分析方法上可能有所不同而已。因此，财务分析既是财务管理的研究内容，又是会计学的研究内容。财务分析既是财务管理学科体系的内容，又是会计学科体系的内容。

（二）财务分析与证券市场分析及经营分析

证券市场分析或证券投资分析的主要方法有基本分析法、技术分析法等。基本分析又称基本面分析，是指证券投资分析人员根据经济学、金融学、财务管理学及投资学等基本原理，对决定证券价值及价格的基本要素，如宏观经济指标、经济政策走势、行业发展状况、产品市场状况、企业销售和财务状况等进行分析，评估证券的投资价值，判断证券的合理价位，提出相应的投资建议的一种分析方法。它主要适用于周期相对较长的证券价格预测、相对成熟的证券市场及预测精确度要求不高的证券分析领域。技术分析是仅从证券的市场行为来分析证券价格未来变化趋势的一种方法。所谓证券市场行为主要指证券市场价格、成交量、价和量的变化，以及完成这些变化所经历的时间等。技术分析通常将其分析结果以概率的形式表示，它既可以用于短期证券市场行情预测，也可用于长期证券市场行情预测。短期证券市场分析更适用于目前我国的证券市场。

由此可以看出：财务分析的内容较全面、适用范围也较广泛；证券投资的基本分析与技术分析适用面仅限于证券市场价格分析，并且基本分析与技术分析常常还应用到财务分析。证券市场分析有时也需要进行财务分析。财务分析既可以进行单个企业的财务分析，又可以进行行业或整体分析，但多用于单个企业的分析。技术分析主要用于证券市场价格分析。

经营分析是主要针对企业的经营内容的分析，包括用数字表示的部分（如销售额、毛利、经营费用等）和难以用数字表示的部分（如经营者能力、技术、工作人员素质等），其中财务报表分析属于能够用数字表示的部分中的主要部分。由此可见，财务分析是经营分析的一个重要组成部分。同时，进行财务分析时也不可能完全脱离经营分析，二者相辅相成且紧密结合，才能够全面分析企业的财务状况及经营状况。

二、财务分析的目的

企业财务分析按分析主体，可分为内部分析和外部分析。内部分析是由企业内部有关经营管理人员所进行的财务分析。外部分析是由企业投资者、债权人或其他与企业有利害关系的人，以及代表公众利益的社会咨询等中介服务机构等所进行的财务分析。

由于上述各财务分析主体的性质和地位不同，与企业所处的经济利益关系不同，在进行财务分析时，他们所要达到的目的也就不尽相同。

（一）企业内部管理者的分析目的

企业内部管理者包括企业管理人员（如董事长、厂长、经理、财会人员等）和企业内部职工及其代表。企业管理人员通过财务分析，可以全面、系统、详细地了解企业的生产经营活动，检查、分析、考核企业计划或预算的执行情况及管理效率的高低，为企业进行预测、决策、计划、控制、评价生产经营情况提供依据。企业内部职工、职工代表大会及工会组织，他们时刻关心企业生产经营活动的稳定性及财务成果的好坏，要求财务公开，因而也需要通过分析企业管理当局所提供的财务数据资料了解情况，以使他们更好地参与企业的生产经营管理活动。企业内部管理者从这些分析目的出发，他们最终要全面了解和掌握企业所掌握的经济资源有多少，这些资源运用的合理性、有效性如何；企业拥有多少现金及现金流量状况；企业负债是多少，这些负债及其结构的合理性、有效性如何；企业资金周转或营运能力的合理性和有效性如何；企业盈利的合理性和趋势如何。在此基础上全面把握企业的综合科技开发能力、偿债能力、资本完整与保全能力、市场竞争能力，以及在市场竞争中的稳健能力和盈利能力等情况。此外，企业内部管理者的财务分析目的还在于对成本、费用以及劳动力资源的详细分析，寻找节约或降低成本费用的途径与方法。可见，企业内部的财务分析是一种全面的分析。企业管理者通过分析，可以掌握企业经营管理，特别是在理财中的缺陷，预测未来变动趋势，并据以审慎地配置企业的资源，形成合理的资源及权益结构，使资源得到最有效的利用。当然，企业内部财务分析还是企业会计监管的基本方法之一。通过企业财务分析可以发现会计核算政策选择、会计核算模式选择、会计监管效率等会计自身可能存在的问题及适用性等多方面情况，为改进企业会计监管提供依据。

（二）企业资本投资者的分析目的

企业资本投资者包括：①国有资产管理部门，它们是国有企业的主要投资者（代表），其基本职责是代表国家管理国有资产；②金融机构，各级金融机构特别是各种基金公司、投资公司等除向企业贷款外，有时还可以以投资者的身份参与对企业的直接投资；③参股、控股企业法人，即以参股、控股等方式形成的企业法人投资者；④持有股份或其他产权的个人、职工；⑤外商投资者等。

投资者对企业投资的目的在于获取投资收益，也就是要在资本保值的基础上进一步实现资本的不断增值。因此，投资者利益与企业的财务状况、财务成果及现金流量等有着密切的联系，与企业的盛衰休戚与共。投资者通过财务分析，全面准确地评价、考核企业资本的盈利能力、企业偿债能力，分析并预测对企业各种投资的发展前景、投资的风险程度等，作为进行股票定价、投资决策的依据。此外，投资者对企业投资后，享有与投资额相适应的权益，可以通过一定的组织形式参与企业的决策，这也需要通过对企业财务活动的分析来评价企业经营管理人员的业绩，考核其是否称职。总之，投资者进行财务分析的主要目的在于，详细了解企业资金的运用情况，评价经营者受托责任的履行情况，并做出相应的投资与管理决策，同时也是对选择与聘任管理者合约的检查与评价。财务分析还可以弥补或丰富投资者进行证券市场价格分析的内容与不足。

（三）企业债权人的分析目的

企业债权人是指向企业提供商品或劳务的供应单位、拥有债权的客户和职工、企业债券持有人及金融机构。作为债权人，其要求权是对企业资产及其变现能力、偿债能力的要求，他们最为关心的是企业能否按期支付债务本金及债务利息。因此，他们进行财务分析的目的是全面、准确地掌握企业的支付能力和偿债能力，特别是短期偿债能力，从而对提供信贷资金的风险进行评价，以便做出正确的授信决策。当然，企业偿债能力强弱受企业获利能力及成长能力的影响较大，因此债权人通过财务分析，详细了解企业的盈利能力也是分析的目的之一。财务分析也是债权人进行证券市场债权投资价格分析的补充和基础，为债权投资决策提供依据。

（四）业务关联企业进行财务分析的目的

业务关联企业是指与企业存在业务往来的企业，或称为客户。他们也极为关心该企业的财务状况和经营状况，其主要目的是通过财务分析揭示业务往来企业的信用状况。信用包括商业上的信用和财务上的信用。前者是指企业按时、按质诚实地完成各种交易行为，而后者则是及时清算各种往来款项。通过财务状况及现金流量状况可以分析、判断企业的支付能力和清偿债务能力，以评价企业财务上的信用状况；通过损益状况及主营业务明细状况等分析，可以评价、判断企业各类交易的完成情况并分析企业商业上的信用情况。

（五）国家有关宏观管理部门的分析目的

国家有关宏观管理部门包括立法与司法部门、财政部门、税务部门、银行及市场监管机构等。立法、司法部门主要检查经济管理、会计、审计等方面的法制建设情况与执行情况；财政、税务和银行等部门和单位，需要从制定国家财政方针、实施税收征管及信贷监督等方面对企业财务状况及经营成果进行分析，对国家整个经济形势或发展趋势做出评价与预测，以便取得宏观调控所需要的信息资料；市场监管机构（如证监会等）的主要任务是维持市场秩序、防止欺诈及各种不正当竞争行为，通过财务分析可以揭示会计报表中的漏洞、伪造财务信息等现象，从而为投资者和有关单位提供真实可靠的财务会计信息资料。

（六）市场中介组织进行财务分析的目的

注册会计师和会计师事务所进行财务分析的目的是，财务会计报表分析及其相关技术是审计程序的重要组成部分，审计过程中可以通过财务分析来发现被审计对象在经济活动及财务工作中的错误或不规范的会计处理，揭示其错误或不规范会计处理的潜在内涵，从而提高审计服务质量，维护资本市场秩序。

证券分析师、兼并与收购分析师进行财务分析的目的是，财务分析对确定企业经济价值、评估企业市值、评估兼并与收购预案及其利弊等，通常有重要作用，进而可以提高证券分析师、兼并与收购分析师的市场服务水准。

三、财务分析的种类

由于进行财务分析的目的、范围及所采用分析方法的不同，财务分析有多种，其中常见的财务分析有以下几种：

（一）内部分析与外部分析

内部分析是指企业内部有关部门或人员对本企业财务状况及经营成果所进行的分析。分析目的主要是为企业进行经营管理决策提供依据。外部分析是指企业以外的有关部门（如社会咨询机构、会计师事务所等）或人员（如股东、债权人、政府、潜在投资者等）对企业所做的财务分析。分析目的主要是提供中介服务和进行投资、信贷决策等。

（二）投资分析、授信分析和经营分析

投资分析是指投资者在进行投资决策时所进行的财务分析，或者是有关财务咨询等中介机构受投资者委托等所进行的财务分析，主要是为了测定和评估投资价值及其可行性所做的财务分析。

授信分析或信用分析是指债权人或受其委托的受托人对债务人的财务状况及经营状况所进行的财务分析，主要是为了测定和评估债务人企业的偿债能力而进行的财务分析。

经营分析是企业经营者等利害关系者测定企业经营效率和财务管理质量等所做的财务分析。经营分析又称为管理分析或事业分析。

（三）垂直分析和水平分析

垂直分析又称结构分析，是指通过各项财务指标间的依存关系及各项目在总体中的比重进行对比分析，从而达到分析目的的一种方法。水平分析又称横向分析，是指对同一项目的多期资料进行的分析。通过垂直分析，企业可以观察、判断各项财务指标在总体中的比重及其结构是否合理；而通过水平分析，企业则可以观察、判断企业的财务趋势。

（四）事前分析、事中分析和事后分析

事前分析是指在财务活动发生以前的预测分析。事中分析是指在财务活动过程中所进行的控制分析、跟踪分析。事后分析是指在财务活动结束后所进行的总结性分析。

（五）单项分析与综合分析

单项分析是指对某项财务指标进行的分析。综合分析是从财务状况及经营状况总体出发，对一定时期的财务活动过程及其结果等所进行的分析。

此外还有诸如流动性分析、稳健性分析、风险分析、公允性分析等多种，这里不再一一说明。

四、财务分析的内容

（一）财务分析的内容概述

财务分析的内容也就是财务分析的对象。财务分析的内容概括来讲就是企业的财务活动及其结果，也就是企业一定时期的资金运动及其结果。由于企业的资金运动通常表现为企业的某一时点的财务状况和某一时期的财务成果及现金流量，因此财务分析的基本内容是企业的财务状况、财务成果和现金流量。所谓财务状况是指一个企业的资产、负债、所有者权益结构及其相互关系；财务成果是指一个企业在一定时期的营业收入和营业费用及经过配比计算出来的净收益；现金流量是指企业在一定会计期

间的现金流入量、流出量及净流量。从财务会计报表分析的角度来看，由于企业财务状况的资料主要存在于企业的资产负债表中，故又称资产负债表分析；同样，财务成果或经营情况分析又可称为利润表分析，现金流量分析又可称为现金流量表分析。财务分析是一项十分复杂而细致的工作。在进行财务分析过程中，除了依据上述财务报告外，有时还会用到日常会计核算资料（如会计凭证、会计账簿、财产清查、成本计算等）、计划或预算资料、生产技术方面的资料、产品（或商品）销售的情况、同行业其他企业发布的财务报告、调查研究所收集到的资料等。

由于企业财务分析以企业财务会计报告资料为主要内容，因此影响企业财务会计报告的诸多因素也是企业财务分析不可缺少的内容，具体包括会计准则、会计制度、会计技术方法、管理当局的会计政策选择、会计信息质量监管、相应审计报告、企业在分析期内发生的交易或事项的实质、企业购并、重组、关联方交易、合并会计报表等。

（二）财务分析的具体内容

企业财务状况、财务成果和现金流量的具体内容决定了企业财务分析的具体内容。

1.资源状况及其构成分析

经济资源是企业进行生产经营活动所必不可少的基础条件。企业经济资源在企业报告中主要表现为资产负债表的资产，资产总额说明企业拥有的经济资源的总量，是企业利害关系人交付于企业管理当局的经管责任。企业拥有的经济资源的量通常用来说明一个企业的经济实力。企业经济资源的构成说明企业资源的分布及其结构状况，资源结构通常能够说明或代表着企业资源的质量。资产质量不仅能够说明企业资产的变现能力、偿债能力、盈利能力，而且还能够揭示企业资产的风险及企业成长能力等多种情况。因此，通过对企业经济资源状况及其构成的分析，可以了解一个企业经济实力的强弱，可以了解一个企业运用资源的能力和潜力，同时还能分析管理者及其企业内部各管理层经管责任的落实情况，分析管理当局是否已认真履行其应尽的经管责任，最终达到评价企业资产的营运能力、获利能力，分析企业资产的分布情况和周转使用情况，测算企业未来的资金需要量。

2.权益状况及其构成分析

权益状况说明企业权益总额及企业负债总额和所有者权益总额各为多少，说明企业资源所需资金的来源。权益构成则说明以下情况：①企业权益总额中负债和所有者权益的相对比例。②各种负债在负债总额中的相对比例，如流动负债与长期负债的比例，以及各种所有者权益在所有者权益总额中的相对比例，如注册或实收资本与留存收益的比例等。③企业权益所有者享有权益及所承担风险的不同，在权益总额中所有者权益占的比例较高，表明企业经营的风险主要由企业所有者承担，长期债务的清偿能力较强；反之，权益总额中负债比例较多，表明企业经营风险主要由债权人承担，长期债务的清偿能力较弱，等等。

3. 资源结构与经济利益分割情况分析

资源结构既指资产结构，又指权益结构，更指资产结构与权益结构的内在关系，也就是说，某一项资产的风险及收益能力，不仅要看该项资产的自身风险及收益能力，还要看用在该项资产上的资金是通过何种渠道取得的。通过长期负债方式取得的资金的成本及风险是应由占用该项资金的资产来承担的；期末与期初资源结构的不同变化，不仅反映了资源的变化方向与趋势，而且反映了管理当局对经济利益的不同分割的具体态度及具体状况，说明企业经营及其成果最终增加或减少了谁的净福利。

4. 偿债能力分析

偿债能力实质是指资产与权益的相互关系。偿债能力要求企业资产与权益成比例分布。因此，偿债能力分析包括资产与权益的对比关系、资产质量及其结构、权益质量及其结构等。一般可分为短期偿债能力分析和长期偿债能力分析两种，如流动资产与流动负债的比率表明企业的短期偿债能力、全部资产与全部负债的比率表明企业长期偿债能力等。企业偿债能力分析还需要分析企业一定时期的现金流量状况和现金的质量等内容。

5. 盈利能力分析

盈利能力实质是企业利用其资源获取利润的能力，包括直接的盈利能力和企业营运能力。具体包括以下方面：通过损益表中利润指标及利润额与业务量、与资产等关系可以分析企业的盈利能力，分析企业利润目标的完成情况；通过企业运用资源的能力反映企业在创利过程中如何不断提高资源利用效率，节约费用开支，进而提高企业盈利能力。

6. 财务趋向和盈利趋势分析

分析过去是为了预测未来。财务趋向和盈利趋势分析也是企业财务分析的重要内容。将不同时期的财务状况指标、盈利指标及现金流量指标进行对比分析，可以把握企业未来财务状况的趋向和盈利趋势，挖掘企业财务及盈利潜力，进而分析企业成长能力和发展潜力。

五、财务分析的主要方法

进行财务分析可以了解企业的偿债能力、营运能力和盈利能力。揭示这三个方面能力的主要手段就是运用一些有效的分析方法来寻找直接的原因。

财务分析的主要方法有以下几种：

（一）比较分析法

比较分析法是通过经济指标的对比分析确定指标之间的差异或趋势的方法。比较分析法是财务分析中最基本、最主要的方法。

1. 比较分析法的种类

比较分析法又可以做出多种分类。

（1）按照财务分析的要求与目的分类

比较分析法按照要求与目的又分为以下比较方法：

1）实际指标与本企业以前多期历史指标的比较。这种分析可以把握企业前后不同历史时期有关指标的变动情况，了解企业财务活动的发展趋势和管理水平的提高情况。在实际工作中，最典型的形式是本期实际与上期实际或历史最好水平的比较。

2）实际指标与计划或预算指标的比较。这种分析主要揭示实际与计划或预算之间的差异，掌握该项指标的计划或预算的完成情况。

3）本企业指标与国内外行业先进企业指标或同行业平均水平的比较。这种分析能够找出本企业与国内外先进企业、行业平均水平的差距，明确本企业财务管理水平或财务效益在行业中的地位，推动本企业财务管理水平的提高。

（2）按照指标数据形式的不同分类

比较分析法按照指标数据形式的不同又可以分为以下种类：

1）绝对数指标比较。绝对数指标比较指利用两个或两个以上的总量指标进行对比，以揭示这些绝对指标之间的数量差异。比如，去年企业的净利润100万元，今年实现的净利润110万元，则今年与去年的利润差异是10万元。

2）相对数指标比较。相对数指标比较指利用两个或两个以上的相对数指标进行对比，以揭示这些相对数指标之间的数量差异。比如，去年企业的销售利润率15%，今年的销售利润率14%，则今年与去年的利润率差异是-1%。

3）平均数指标比较。平均数指标比较指利用两个或两个以上的平均数指标进行对比，以揭示这些平均数指标之间的数量差异。

在财务分析中最为常用的比较分析法是借助于比较财务报表进行的一种分析方法。比较财务报表是将最近两三期或数期的报表并列在一起编制而成的报表。为了便于分析，易于掌握变化的动向，比较财务报表除了列示各期报表的金额外，通常还列示增减金额及增减的百分比栏目。

2. 运用比较分析法应当注意的问题

在运用比较分析法进行分析对比时，必须注意对比指标之间的可比性。如果对本来就不可比的指标进行分析比较，肯定会得出错误的结论。指标的可比性指所对比的同类指标之间在指标内容、计算方法、计价标准及时间长度等方面完全一致。如果在不同企业之间进行对比，还必须注意企业的行业归类、财务规模的一致性。在实际财务分析中应当特别注意以下几点：

（1）价格水平的不同会导致数据的差异。财务数据多采用货币计量，这就必然受到价格水平的影响。由于不同地区的价格水平存在差异，各个企业业务关系在区域上又不尽相同，必然导致不同企业价格水平的差异，从而使价格缺乏可比性。而价格水平的波动尤其会削弱不同时期数据之间的可比性。

（2）不同会计处理与计价方法会导致数据的不可比。比如，固定资产折旧方法的不同必然导致企业资产价值、成本费用大小和利润高低的不同，使相关指标不可比。存货计价有加权平均法、先进先出法、后进先出法等多种方法可供选择。两个企业或同一企业在不同时期即使实际情况完全相同，因为采用不同的计价方法，也会对期末存货等产生重大的影响。

（3）其他因素导致财务数据的不可比。比如，企业经济类型不同、财务规模的变动、财务品种的增减变动，甚至企业财务方针及方式的调整，都会影响财务信息数据的可比性。

（二）比率分析法

比率分析法是通过计算、对比同一时期内有关经济指标的比率，反映财务报表所列各有关项目的相互关系，借以判断企业财务和经营状况的好坏。

比率可以通过一对数字计算出来。由于财务报表中有大量的可变量，因此，可以计算出一系列对企业财务报表使用者有用的比率。统一标准的比率目标或标准的计算方法并不存在。不同的报表使用者和信息提供者在进行财务报表分析时，可能运用不同的比率指标。这里介绍的只是那些最为常用和为大多数财务报告分析者所用的比率。进行比率分析时，应注意一对数字的相关性和可比性。当一个财务比率涉及的两个数字都来自资产负债表时，这两个数字要么都使用期末数，要么都使用期初数。

1. 比率分析法种类

比率分析法大体可以分为五大类指标。

（1）短期偿债能力分析指标。短期偿债能力分析指标是评价企业短期偿债能力的财务比率，主要有流动比率和速动比率。这两种指标反映流动性资产偿付流动负债的保证程度。比率越高，表明企业偿债能力越大。一般认为，流动资产超过流动负债1倍以上，即流动比率为200%以上时，企业偿还短期债务才有可靠的保证，而速动比率达到或超过100%时，流动负债的偿还就比较有保证。

（2）营运能力分析指标。营运能力是企业运用资产进行生产经营活动的能力，它与企业对流动资产的营运与管理密切相关。企业只有合理采购存货，积极推销产品，及时收付款项，加强资产管理，才能加快流动资产周转变现的速度。流动资产中对资金周转、利用程度影响较大的是应收账款和存货，所以营运能力分析主要有应收账款周转率和存货周转率两个指标。

（3）资本结构和长期偿债能力分析指标。资本结构和长期偿债能力是从企业资本结构角度分析企业的财务状况和长期偿债能力，预测企业未来的财务和经营趋势。反映资本结构和长期偿债能力的分析指标主要有资产负债比率、流动资产比率、固定资产比率、权益比率和长期负债比率。

（4）获利能力分析指标。获利能力又称盈利能力，是企业进行生产经营活动获取利润的能力大小。反映获利能力的指标主要有资产总额收益率、净资产利润率、成本费用利润率、销售利润率、资本金利润率、普通股每股收益和市盈率等。获利能力指标是评价企业经营管理水平和财务状况最重要的指标。

（5）社会贡献率指标。社会贡献率是企业资产总额同企业社会贡献总额之间的比率，用它来衡量企业运用全部资产为国家或社会创造或支付价值的能力。其中，企业社会贡献总额包括工资性收入、劳保退休统筹及其他社会福利支出、利息支出净额、应交增值税、应交产品销售税金及附加、应交所得税及其他税收、净利润等。

2.比率分析法的局限性

比率分析法虽然在反映企业财务状况和经营成果、为报表使用者提供财务信息等方面有一定的作用，但它本身也存在一定的局限性，并且在实践中有关财务比率的分析和解释的方法也不尽如人意，不能够对企业财务状况和盈利能力做出合理的判断分析。比率分析法的局限性主要表现在以下方面：

（1）财务比率资料不能及时满足决策的需要。外部使用者取得各种财务报表时，有些数据已经过时，以此资料计算分析企业的财务比率，结果就不够准确，从而影响外部报表使用者判断的正确性；而事实上，比率资料也难以及时满足决策的需要。

（2）分析结果只具有参考价值。财务比率分析使用的数据均是历史数据，对于预测企业未来只有参考价值，不一定合理可靠。

（3）财务比率缺乏可比性。在各个企业的会计资料不能够加以标准化时，财务比率则缺乏可比性。因为不同的企业有可能采用不同的会计处理方法进行会计核算，有些会计资料本身就没有可比性，因而通过比率分析法进行企业之间的比较就没有多大的意义。

（4）不适应通货膨胀情况。财务比率采用的各种数据一般都没有做出物价变动的记录，在物价变动特别是通货膨胀较为严重时，比率分析的结果就会失去应有的意义。

（5）忽视了资源流向的动态方面。资源流向的动态是评价管理效能非常重要的资料。不仅如此，在实际中还存在对比率分析解释深度不够、以理论和行业值解释比率过于宽泛等现象。

为了弥补比率分析的局限性，具体分析时，人们还应与现金流量分析、比较分析等结合起来，才能保证分析的准确性。

（三）因素分析法

因素分析法是利用各种因素之间的数量依存关系，通过因素替换，从数额上测定各个因素变动对某项综合性经济指标影响程度的一种分析方法。企业经济活动过程中的财务指标具有高度的综合性，一种财务指标的变动往往是多种因素共同影响的结果。在财务分析过程中，企业需要经常了解某项财务指标受到哪些因素的共同影响，并且需要了解各有关因素的影响程度大小，这些都可以通过因素分析法获得解决。因素分析法可以分为以下形式：

1. 连环替代法

连环替代法是在几个相互联系的经济因素中，按顺序把其中一个因素当作可变因素，而暂时把其他因素当作不变因素进行替换，分析各个因素对被分析指标影响程度的一种分析方法。

（1）连环替代法计算程序。以下以分析实际指标与计划指标之间的变动为例，说明采用连环替代法测算各个因素对分析对象影响程度时的一般程序。

首先，按照计划数列出所要分析的经济指标与影响这一指标变动的各个有关因素之间相互关系的公式，并以此作为替换计算的基础。其次，以每项因素的实际数依次替换原来的计划数，每替换一个因素就要计算出这一变动所得到的结果，有几个因素就替换几次。然后，将逐次替换后得到的结果与上一次替换的结果相比较，两者的差额就是由于两个算式中某个因素的计划数变为实际数所造成的影响。最后，将各个因素变动影响程度的数值相加，验证它们的合计数是否等于所要分析的经济指标的实际数与计划数之间的差额。

（2）连环替代法优缺点。连环替代法的优点：通过这一方法计算所得到的各因素变动影响程度的合计数与财务指标变动的总差额一致。这样，用这些数据来论证分析的结论就较有说服力。

连环替代法的缺点：各因素在关系公式中的排列顺序和替换因素时的替换顺序具有可变性，只要改变各因素的排序和替换顺序，尽管得出的各因素影响程序的合计数与财务指标变动的总差异相符合，但各个因素的影响程度可完全不同。

（3）运用连环替代法应当注意的问题。

1）确定构成经济指标的因素必须是客观上存在因果联系，不可以任意凑合。

2）在确定替代顺序时，在数量因素与质量因素同时存在的情况下，应当是数量因素在先、质量因素在后；在只有数量因素或只有质量因素的情况下，应当是正面（有利）因素在先、反面（不利）因素在后；在因素较多并且数量指标和质量指标同时存在的情况下，应当是主导因素在先、派生因素在后。

3）替换因素时必须按照各个因素的依存关系，排列一定的顺序并依次替代。

连环替代法只是测算各个因素对某项经济指标影响程度的一种数量分析方法，计算的结果只能从数量上说明影响程度，至于影响该项指标变动的具体原因还需要结合实际情况进一步加以查明。

2. 差额分析法

差额分析法是连环替代法的一种简化形式，它是先计算出各因素的实际数和标准数的差额，然后仍然按照一定的替换程序直接计算出各因素脱离标准对分析对象的影响。差额分析法计算的结果与上述连环替代法计算的结果完全相同，但差额分析法在计算上较为简便。由于差额分析法是连环替代法的一种简化形式，因此，采用差额分析法时也必须按照各因素的依存关系确定测算各个因素影响的先后顺序。

（四）趋势分析法

企业财务分析如果只分析1年的财务报表往往不够全面，可能有较多的非常或偶然事项使其不能代表企业的过去，也不能说明企业的未来。如果对企业若干年的财务报表按照时间序列进行分析，就可以看出其发展趋势，有助于规划未来。通过时间序列分析也能够看出本年度是否具有代表性。

趋势分析又称为水平分析，即统计学中的时间数列分析。趋势分析法是将连续数年财务报表中的某些重要项目进行比较，计算该项目前后期的增减方向和幅度，以此说明企业财务状况或财务成果变动趋势的方法。

趋势分析法主要分为以下三种：

1. 多期比较分析法

多期比较分析法是对连续几个会计年度的财务报表进行研究，对报表中的各个项目逐一比较。比较的目的是查明变化的项目、项目变化的原因及这些变化对企业未来产生的影响。

进行多期比较时，可以使用前后各年每个项目金额的差额进行比较，也可以使用百分率的变化进行比较，还可以计算出各期财务比率进行多期比较。比较的年度数一般为5年，有时甚至要列出10年的数据。

2. 结构百分比分析法

结构百分比分析法是把财务报表换算成结构百分比报表，然后逐项比较不同年度的报表，找出某一特定项目在不同年度百分比的差额。同一报表中不同项目结构分析的计算公式如下：

结构百分比或比重＝部分 ÷ 总体

通常，利润表中的"总体"指"销售收入"、资产负债表中的"总体"指"总资产"。

3. 定基百分比趋势分析法

定基百分比趋势分析法，首先要选取一个基期，将基期报表上各项数额的指数均定为100，其他各年度财务报表上的数字也均用指数表示，由此得出定基百分比报表，可以查明各个项目的变化趋势。不同时期同类报表项目的对比，其计算公式如下：

考查期指数＝考查期数值 ÷ 基期数值

采用多期比较趋势分析法应当注意两个问题：一是当绝对数的值很小时，计算百分比应当特别注意。因为，小的绝对数的变化使百分比的值变化很大。比如，一个小商店去年利润是 200 元，今年上升到 600 元，在绝对数上利润只增加了 400 元，但如果用百分比（相对数）表示，增加幅度为 200%。这种大幅度的增长速度虽然不能说是错误，但给人以故弄玄虚的感觉。因此，在绝对数的值很小的情况下，要同时列出绝对值和百分比。二是进行定基百分比趋势分析时，要注意计算该时期发展速度的基期选择必须具有代表性，否则将影响分析结果的准确性。

（五）综合分析法

综合分析法是指为了全面了解企业的财务状况，把企业各项财务指标之间的相互关系进行综合分析的一种财务报表分析方法。综合分析法主要有杜邦分析法和沃尔比重评分法。

1. 杜邦分析法

杜邦分析法是利用各项主要财务比率之间的关系综合分析企业财务状况的分析方法。该方法由美国杜邦公司的经理创造出来，因此又称为杜邦系统。

杜邦系统的核心是权益利润率，它是最具代表性的财务比率，其计算公式如下：

权益利润率＝净利润 ÷ 所有者权益 ×100%

＝（净利润 ÷ 资产总额）×（资产总额 ÷ 所有者权益）×100%

＝总资产利润率 × 权益乘数 ×100%

由以上公式可以看出，财务管理的一个重要目标是使企业价值最大化，权益利润率正是反映了所有者投入企业资金的获利能力。这一比率不仅反映了投资者投资总体效益的高低，也反映了投资者财富增长的速率。

杜邦系统分析了影响企业投资者收益的各种因素。首先，它反映了企业生产经营业务获利能力及资产运用获利能力情况。销售利润率是企业利润总额与销售收入之间的比率。企业要想提高销售利润率，必须还要在提高销售收入的同时降低各项成本费用。资产周转率是企业一定时期所使用的资产与所取得的产品销售收入之间的比率。它综合反映了企业利用资金进行营运活动的能力。资产周转率除了取决于资产的各个组成部分占用量是否合理外，还取决于各项资产的使用效率，即流动资产周转率、存货周转率和应收账款周转率的高低。其次，它反映了企业各项成本费用的情况。从以上公式可以看出，降低各项成本、节约各项费用支出是提高利润的关键。因此，分析成本费用的结构是否合理，有利于企业进行成本费用分析，加强成本费用管理与控制。再次，它反映了企业流动资产与非流动资产的结构。各项流动资产增减变化都会引起流动资产的结构变动。如果企业货币资金比重下降较多，而应收账款和积压待售的产成品比重明显增加，则说明企业产销不对路；如果应收账款又未能及时收回，这种结构变化趋势显然对企业有效利用流动资产、提高短期偿债能力不利，为此应进一步找出原因，寻找合理使用流动资产与保持合理结构的途径。

2. 沃尔比重评分法

沃尔比重评分法是对比率分析法的引申，它由亚历山大·沃尔最早提出。该方法是选取七种财务比率，分别给定了其在总评价中所占的比重，总和为 100 分。然后，确定标准比率并与实际比率比较评出每项指标得分，最后求出总得分。

在对企业进行财务分析时，人们分别计算上述基本比率的实际值，并与标准做比较，计算其相对比率，按其在总体中的应占比重折算成实际权数，作为该部分的评分。然后，将各比率实际权数汇总与总和 100 分相比较，从而确定其偏高或偏低的情况。

第五章 大数据背景下的财务风险管理

第一节 大数据背景下制造企业财务管理信息化风险因素

伴随着信息技术及大数据技术的广泛应用，财务管理信息化已经成为企业稳定发展的重要手段。所谓财务管理信息化就是将现代化先进的科学技术渗透到企业的财务管理当中，将财务信息化建设作为财务管理的重要内容。在当前大数据背景下，企业进行财务管理信息化建设不但可以为其提供良好的信息共享平台，同时也在一定程度上降低了企业财务管理信息化建设的成本投入，提高企业财务管理水平。本节以制造企业为研究对象，在当前形势下，就大数据对制造业财务管理信息化建设产生的影响进行简要概述，同时对基于大数据背景下制造企业财务管理信息化建设过程中所面临的风险进行分析，指导企业针对不同风险采取相应的预防措施，以期推动制造企业的可持续发展。

云计算及大数据技术等新型技术的产生和发展，在我国很多行业发展过程中发挥着非常重要的作用。面对日益激烈的市场竞争，制造企业在生存和发展过程中，主要遵循企业经济效益最大化的经营目标，因此对财务管理工作非常重视。在大数据背景下，信息资源多元化及高效化的优势逐渐彰显出来，但随之而来的还有诸多风险。所以，在合理利用大数据技术推动企业财务管理信息化建设发展的基础上，规避所隐藏的风险成为当前制造企业亟待探究的问题。

一、大数据背景对制造企业财务管理信息化的影响

（一）大数据为企业提供会计信息资源共享平台

企业要想在日益激烈的市场竞争中谋求发展，就应该对企业实际情况了解得非常透彻，同时还应该熟知市场趋向。信息不能关联互动、不共享互换在很大程度上抑制了企业自我了解及对其他企业的了解，同时对财务管理信息化的发展产生消极影响。在大数据背景下，云平台的产生有效地解决了信息孤岛这一重要问题，使企业中的各个部门统一在云平台上开展工作，及时收集整理及处理相关信息数据。

（二）降低财务管理信息化的成本

企业要构建一个与自身实际情况相吻合的财务管理系统，要投入大量的人力、物力及财力。第一，要购进较为先进的基础设施，这对中小型企业来说所需的成本过高。后期对这些设备维修和养护也需要投入一定的资金。第二，在购买相关软件之后还要进行升级和维护，对中小型制造企业来说财务管理信息化建设投入的成本较高，导致很多企业因放弃了财务管理信息化建设的工作。在大数据背景下，云计算技术的出现和发展，使企业在财务管理信息化建设过程中不必担忧在基础设施及软件方面投入过高的成本。

二、大数据背景下制造企业财务管理信息化面临的主要风险因素

（一）财务管理信息系统的安全性得不到有效保障

第一，企业财务管理信息系统在用户登录过程中进行身份认证的时候存在一定的安全风险。一般是通过动态口令或者设定的用户名登录、密码登录的方式对用户的信息进行认证，但是这些登录方式都属于授权登录，很有可能降低信息系统的安全性。不法分子运用一些木马软件就可以轻而易举地获得该系统的登录密码，增加了相关信息被盗或者恶意损坏的风险。

第二，财务管理信息系统的数据加密技术也在很大程度增加了会计信息泄露的风险。由于科技水平及网络技术水平的不断提高，企业之间的诸多合作都是依靠网络进行信息数据传送的，但是信息及数据传送过程中并未采取任何安全措施。

（二）缺乏财务管理信息化的专业领导体制

在当前大数据背景下，要想加快财务管理信息化建设的进程，就应该设立专门的领导管理机构。但是有些企业企业管理制度并不完善，对财务管理信息化领导管理机构的重视程度不高，只是将其作为财务管理部门的旁支，不能将其职能最大限度地发挥出来，进而抑制财务管理信息化建设的进程。尤其在大数据背景下，财务管理信息化的专业化程度有了很大的提高，但有些企业由于未建立与之相适应的专业化管理体制，进而在财务管理信息化过程中没有得到有效指导，因此降低了财务管理水平及工作成效，和其他先进企业相比相差甚远。

（三）信息技术及其应用不能满足大数据背景下会计信息化的要求

财务管理信息化对技术有着很高的要求，同时依赖性也比较强，因此信息技术是财务管理信息化的基本条件，倘若没有信息技术作为强有力的支撑，那么财务管理信息化也就无法实现，所以说信息技术对于财务管理信息化是非常重要的。可是，我国

的现状是，财务管理信息化中的专业信息技术较为落后且会计实务指导较为匮乏，从而造成专业信息技术水平不高，在应用过程中存在很大的缺陷。

三、防范制造企业财务管理应用大数据技术风险对策研究

（一）加强信息化平台安全

第一，企业应该快速构建网络安全防护体系，依据财务管理工作的实际需求，在运用云平台系统的时候，针对不同岗位的人员设置不同的登录权限；在信息化系统的实际使用过程中，对权限进行实时监管，确保财务管理信息化的安全性。除此之外，还应深入了解财务管理信息化系统中数据加密程序，同时对该系统的使用情况进行调查研究。在此基础上，开发出适合自己使用的虚拟软件，充分利用基础隔离系统，对会计信息及数据的传送过程实施全程监控和隔离，增强会计信息的安全性。第二，提高会计人员的网络安全意识，促使企业中相关人员加入网络安全监管工作当中，加强安全教育，明确会计信息的重要性，对较为重要的财务信息进行数据加密，防止信息被窃取或泄露。

（二）优化和创新企业的管理工作

制造企业的管理人员应该深刻认识到财务管理对企业的重要作用，按期组织专业人员对市场信息进行实地考察，了解并掌握市场经济的发展趋势。只有这样，才能为企业所颁布的战略决策提供准确、可靠的依据。另外，以往传统的财务管理工作中，企业受到信息孤岛的限制不能准确了解自身的价值，也无法在激烈的市场竞争中了解其他企业的相关信息，导致企业发展缓慢。因此，企业应该与时俱进，利用先进的科学技术及信息技术建立会计信息化系统，同时充分利用大数据技术解决信息孤岛的问题，加速企业内部各部门之间的信息流转，有效防范财务风险的发生，使企业获得更多的市场信息。

（三）加强企业人员管理

第一，转变会计人员的思想，确保会计人员在财务管理过程中合理运用理论知识，并且和企业实际工作有机结合，确保财务管理工作更好地开展。第二，加大会计人员的培训力度，定期组织会计人员进行信息化技术培训及专业知识培训，进而提高会计人员的专业技术水平。第三，建立激励机制，针对工作中各方面都比较突出的会计人员予以一定的奖励，激起会计人员的工作热情，同时指导会计人员正确认识到自身的价值，提高企业财务管理水平。

（四）加强法律法规建设

首先，政府应该颁布相关政策和法律法规，加大宣传力度，提高人们对信息技术

的重视程度，在合法的基础上运用先进的信息技术提高企业的经济效益。加强企业各部门对财务管理信息化平台的监督，在确保网络安全的前提下，实现企业之间的信息资源共享。其次，为了确保企业信息的安全，明确监督管理内容。企业应该依据我国颁布的相关法律法规，制定相应的监督管理机制，进而推动财务管理信息化建设。最后，在企业内部建立监督管理小组，为了确保企业监督管理工作的顺利进行，在企业内部安排专门人员成立监管小组，对企业管理制度是否贯彻落实进行监督，推动企业持续稳定发展。

大数据的来临，在方便了人们生活和工作的同时，也加快了制造企业财务管理信息化进程。但是，任何事情都是有两面性的，在为企业提供了会计信息资源共享平台及降低信息化成本的同时，大数据还为企业带来诸多风险，影响企业财物管理信息化的良好发展。因此，应针对存在的风险采取相应的防范措施，只有这样才能更好地推动财务管理信息化建设进程，促进企业稳定发展。

第二节　大数据背景下电子商务企业财务风险管理

现阶段，随着社会经济和科学技术的快速发展，信息技术在各行业的发展中得到了广泛的应用，并且带动了电子商务行业的发展。与西方发达国家相比，我国电子商务行业的起步较晚，企业财务风险管理模式相对比较落后，从而增加了电子商务企业在未来发展中的财务风险。基于大数据背景，如何加强电子商务企业财务风险管理成为当前电子商务企业发展中的重要内容。本节首先将阐述大数据背景下电子商务对财务管理的影响，然后分析电子商务企业财务风险管理中存在的问题，最后探讨提高电子商务企业财务风险管理水平的措施。

通常情况下，电子商务企业财务管理内容主要是对企业经营过程中的资金使用情况进行有效的监督和管理。因为财务管理工作中涉及的内容比较复杂，所以在一定程度上增加了电子商务企业财务风险管理的难度。传统的财务风险管理方式已经不能适应当前时代发展的要求，因此，在大数据背景下，需要对电子商务企业财务风险管理方式进行改革创新，以降低电子商务企业财务风险带来的经济损失。

一、大数据背景下电子商务对财务管理的影响

（一）财务管理环境变化

基于大数据背景，电子商务企业财务管理环境发生变化主要体现在以下方面：其一，财务管理流程发生变化。在传统的财务管理工作中，其管理流程主要由财务人员

进行手工记账，在一定程度上增加了财务人员的工作量；而在大数据背景下，财务人员在对企业财务信息进行管理时，主要通过先进的信息技术，对财务内容进行自动化管理，一定程度上提高了工作效率。其二，财务管理制度发生变化。在大数据背景下，电子商务企业财务管理制度主要以国家相关会计准则为依据进行完善，随着国家会计制度的变化而不断完善。

（二）财务管理核心变化

在大数据背景下，电子商务企业财务管理核心发生变化的具体表现如下：财务管理核心内容由重视产品的外部形象和质量等方面逐渐转变为重视线下用户对产品的体验效果和产品在市场中的口碑。电子商务企业要想在激烈的市场竞争中站稳脚步，需要为用户制定个性化服务内容，从而获得用户较高的满意度，推动企业的长远发展。

（三）财务管理重要性变化

一般情况下，电子商务企业在发展过程中比较重视财务管理中的信息流，通过大数据技术，将财务管理中的信息流内容进行归纳总结，了解线下不同客户对产品的不同需求，进而根据大数据技术应用的结果制定有效的财务管理方法。此外，电子商务企业在大数据背景下通过电子信息技术对企业经营中各项财务信息进行记账管理，实现资金流和物资流的统一管理，进而形成重要的信息流，为企业未来发展做出正确的决策提供有利的数据支持。

二、大数据背景下企业财务管理存在的问题

（一）财务管理理念陈旧

电子商务企业属于新型企业，在发展过程中主要利用信息技术的优势，推动其发展。但是，财务部门作为企业发展中的重要部门，掌握着企业未来发展的经济命脉，但由于财务管理理念的陈旧，导致电子商务企业的财务管理水平并不能满足大数据背景下对企业财务管理水平的要求，进而降低了电子商务企业在市场中的竞争力，阻碍了电子商务企业的长远发展。

（二）企业财务管理意识淡薄

现阶段，我国已经进入信息化时代，网络信息技术已经成为人们生活和工作中的重要组成部分。在大数据技术不断发展的背景下，大数据技术在各企业的财务管理中盛行。虽然电子商务企业在发展过程中主要以信息技术为基础，但是仍有部分电子商务企业管理人员的财务风险管理意识淡薄，随着时代的进步，并没有认识到加强财务风险管理信息化建设的重要性，同时也没有认识到大数据技术在财务风险管理中存在的价值，增加了电子商务企业在未来发展中可能遇到的财务风险概率。

（三）财务管理水平低、共享差

在大数据背景下，电子商务企业要想提高财务风险管理水平、提高财务信息的共享性，就需要加强财务风险管理信息化建设，并充分利用大数据技术，对企业发展中的财务信息内容进行整理。但是部分电子商务企业的管理人员缺乏创新意识，缺少高素质的财务管理队伍，使其财务风险管理方式比较落后，此外，企业财务部门还存在财务信息不对称和不能共享的现象，此种情况降低了企业财务管理的效率，增加了企业财务风险发生的概率。出现此种情况的主要原因是企业财务部门与其他部门之间缺乏沟通，且企业内外部未形成统一的信息标准，进而影响企业及时做出防范财务风险的措施，增加了企业的经济损失。

（四）财务管理环境变化

与传统企业相比，电子商务企业财务管理环境产生了较大的改变。其一，目前财务软件得到普及，互联网公司都能运用财务软件进行记账、编制报表。传统的手工记账模式都是经由记账人员手工进行处理的。在电子商务背景下，会计制度、准则等都应顺应新环境要求，这也使得传统财务制度迎来改革。其二，电子商务公司与传统公司相比，竞争更为激烈，加之电子商务公司拥有国际化经营特点，所以，竞争格局也会从四周慢慢延伸到全球，财务管理也会随着环境出现改变，企业应制定新的财务管理模式，方可顺应国际化竞争格局。其三，在传统财务流程中，公司财务管理记录的是全部业务之后生成的财务报表，然而，以上财务数据没有真实地对公司情况进行反映、监督，这便不会出现实时信息流。在电子商务数据背景下，大量的数据资料都包含行之有效的经验信息，随着电子商务企业的交易进行，才能更好地运用这些信息，促进公司发展。

三、大数据背景下提升电商企业财务管理水平对策

（一）完善财务管理大数据创新

在当前大数据背景下，数据的集中化和细分化特点为企业的财务管理工作提供了大量的数据基础，但是如何使其从当前的财务管理工作中突出出来，成为现阶段需要重点关注的问题。通过研究企业财务管理分析方法发现，只有不断提高财务管理方面的大数据创新意识，才能为企业的财务风险管理工作提供帮助。因此，企业相关管理人员必须要加强大数据创新意识，同时还要加大对内部员工的大数据创新培训工作，以此来改变当前企业员工对于大数据的片面认识，从而向企业员工灌输全新的大数据创新理念。另外，企业相关管理部门还要加强内部财务管理模式的改进创新，在传统财务管理模式的基础上利用大数据的相关理念来分析企业内部的各项经营活动，以此确保大数据理念在企业内部的全面落实。

（二）提升财务管理风险防范能力

现阶段我国很多企业内部都出现了财务漏洞、资产大范围流失等情况，究其原因都是企业内部财务风险防范能力不强所造成的。由此可见，一个企业的风险防范能力对于提高其财务管理水平有着很大的作用。首先，企业当前必须要做的就是加强相关财务管理安全系统的建设工作，积极引进安全、可靠的财务管理系统，以此来提高企业财务管理中的安全度，抵御网络恶性病毒的入侵，这样做还能实现企业资源的合理配置和共享。其次，企业还需要聘请专业的财务管理人员对财务部门的相关人员进行预防财务风险的培训工作，以此来提高企业财务人员的风险防范意识，从而为企业财务管理工作的顺利进行提供保障。

（三）提升财务人员的专业能力

在当前大数据背景下，社会的快速发展对企业财务人员的专业能力要求也不断提高。现阶段，企业财务人员不仅需要具备财务管理方面的专业知识和娴熟的财务操作能力，还要具备计算机应用能力，只有这样才能应对当前大数据背景下为企业带来的巨大挑战。基于此，企业当前必须要做的就是加强自身人才队伍建设，主要可从以下两点入手：

其一，企业在开展招聘工作时需要牢牢结合自身的实际情况适当调整人才招聘计划。例如，企业可以适当招聘一些具有技术经验的财务人才，这样做对于企业内部人才资源的优化配置有很大的帮助。

其二，在企业现有财务管理人员的岗位工作上，企业还可以大力推动网格化职责管理标准的实施，这种管理方式主要是将具体的职责细化到每个工作人员身上，谁主管此部分的工作，当出现问题时主管工作的人员就需要对其负责。与此同时，企业还需将每位负责人的岗位职责与个人的绩效水平联系起来，以此激励员工树立正确的工作态度，从而有效降低财务风险。

（四）积极引进高层次复合人才，增加会计人员培训次数

企业为进一步增强市场竞争力，需要做的是加强人力资源之间的竞争。其一，为有效解决其人才缺乏的问题，首要的做法便是引入高层次的人才。简单来讲，高层次人才指懂得如何运用外语，熟悉计算机操作，拥有非常强的实际工作能力的人才。其二，指导展开经济管理，这样能运用会计信息帮助企业领导人员展开筹划、决策，为了顺应时代需求，应有计划、有步骤及有效地展开会计人员继续教育与相应的培训工作。作为基层单位需要积极组织会计人员学习会计电算化知识，其目的是改善会计人员知识结构，从而不断地更新知识结构，提升会计人员应有的计算机水平，尤其在计算机网络技术方面，更应增强会计人员职业道德，积极培养会计人员依法理账。

在当前大数据的背景下，电子商务企业也在不断转变自身发展模式，逐渐从传统

的各部门单独工作的模式转变为供应链集群方向发展。在这种情况下，企业内部的财务管理部门也需要积极适应企业发展的需要，不断转变自身管理模式，以此来不断创新完善企业内部的财务管理体系，从而为电子商务企业的可持续发展奠定良好的基础。

第三节　企业财务风险管理理念

随着全球经济和计算机技术的飞速发展，企业面临着越来越激烈的竞争和复杂的金融环境。个业由于财务管理不善而陷入财务危机的情况很普遍。大数据时代的到来给现代企业带来了活力和新的风险。因此，企业应建立全面、可靠的财务管理制度。金融风险预警可以发现并提出预警信号，提醒企业在发生金融危机时要采取对策。本节以大数据对企业财务风险管理中的应用进行分析和研究。

一、大数据在财务风险中的重要意义

（一）帮助企业以准确的数据为基础进行内部决策

企业当前的经济发展状况需要根据企业的财务部门所反馈的信息来确定，而且能够依据财务部门反馈的信息来指导以后的企业发展方向。大数据时代下，企业的所有信息都融合在一起。但是，大数据提供的信息并不精确，而是与其他信息混合在一块的。因此，当企业面对如此庞大的信息量时，金融大数据管理系统就能够检测出存在的风险，确保向业务部门提供的数据相对准确，也可以为公司内部的一些决策提供有效的数据。

（二）能够提高企业应对金融风险的能力

大数据时代，企业想要在大量繁多的数据中获得自己想要的数据，前提就是要面对大数据背景下的风险。企业想要在市场中激流勇进必须要把握住大数据背景下风险危机下的机遇，机遇和挑战是共存的。目前，市场信息时时刻刻都在变化，如果可以从这些不断变化的大量数据中获得准确的有利的信息，那么对于企业的发展以及企业的竞争力具有很大的推动性。这些信息的准确性关系到企业的决策，大数据融入企业的财务中可以面对这种财务风险，关键是企业怎么将这些大数据的优势特点融入企业的财务管理中达到及时应对风险，企业可以通过建立完善的财务大数据管理系统，这样就能够帮助企业在财务风险未发生或者发生时进行判断，从而提高企业应对大数据背景下带来的财务风险的能力。

（三）帮助企业取得最大的经济效益

建立并完善财务大数据风险预警系统，能够让企业规避和快速解决企业在发展中遇到的各种风险，灵活应对内部和外部风险或潜在风险。它可以监视企业的现金流状况，并为风险提供预警机制，一旦出现资金问题，企业就可以首先发现或阻止财务风险，帮助企业在最短的时间内，用最快最有效的解决方案来解决企业的财务风险，使企业能够最大限度地减少风险和损失，从而最大化经济效益。大数据时代背景下，为了使企业尽可能地避免风险和降低风险带来的损失，唯一有效的途径就是建立企业的大数据财务风险预警机制。

二、大数据时代存在的财务风险

（一）财务风险预警系统不完善

成熟的企业即使拥有很强的市场竞争力，同样需要一个完整的充满活力的财务风险预警系统来确保企业的安全。这样，面对危机时，企业就有足够的时间来解决。但是，现在很多风险很难进行预测，所以财务大数据风险预警系统已成为企业发展的必然，面对这样的情况，大多数企业财务风险预警系统也可以面对风险，对风险进行预警和响应。另外，大多数企业的内部财务风险预警系统是需要人才来进行管理的，每个组织所需的相关人员不到位，导致系统所能发挥的作用很小。大数据时代已经来临，如果企业仍然认为这个时代与自己无关，那么它们终会被市场淘汰。因此，企业应重视大数据背景下金融风险预警系统的建立。

（二）预警系统执行能力不强

有些企业虽然建立了金融风险预警系统，但不重视对这个系统的管理监督工作，并未让监督机制发挥作用，使得企业的大数据财务风险预警系统的执行力不佳，将企业置于充满危机的市场环境中。这不利于企业的发展。

（三）缺乏相应的监管部门

企业的管理机制与监督机制对企业的发展是不可缺少的，财务风险管理系统的有效运行需要两者的共同作用。让财务风险预警系统充分发挥其作用，需要对其监督机制进行全面完善。只有这样才能保证财务风险预警系统发挥真正的作用，保证及时发现经营中出现的财务问题。

三、大数据在财务风险中的预警作用

企业应将企业财务分险管理融入企业管理中。在大数据背景下，企业可以通过改善财务风险预警系统的管理机制，避免很多风险。因此，最重要的是改进金融风险预警系统的管理实施。只有将企业的大数据财务分险预警系统的诸多措施进行全面落实，才能够保证财务风险预警系统充分发挥它的作用，保证企业的安全以及提高企业的市场竞争力。比如，可以设立财务风险预测制度，对那些工作怠慢的员工进行严厉的处罚，对那些未能通过工作评估的员工进行定期培训，提高他们的工作能力，对企业的所有员工进行思想教育，提高他们对企业的大数据财务风险预警系统的认识，了解其在企业中的作用，这样更有利于企业实施各项措施。财务风险预警系统可以在发挥其功能的同时在企业的各个部门进行宣传，这样不仅可以提高企业的财务风险预警系统，还可以让企业的每个人都认识到财务风险预警系统在企业发展中的重要性。对于企业而言，财务风险预警系统融入企业的管理层次对企业的经济利益起到保护作用。

企业应完善财务风险预警的监督机制。企业需要对大数据财务风险预警系统的运行情况专门设立监督部门，提高该系统的工作效率和执行力，有利于提高企业竞争力。在大数据背景下，应根据市场经济的发展，学习当前流行的风险预警模式。同时，我们应该学会引入外国的金融风险预警系统，不能一言以蔽之。要结合企业发展，建立完善的监督机制。内部监督的主要目的是使财务流程透明化，并确保员工和其他部门可以监督财务部门。外部的监督可以帮助企业发现经营过程中的各种风险，这样就可以使企业规避一些不必要的风险，并且对出现的问题可以采用最快最有效的方式进行解决，降低企业的损失。

企业应加强预警系统的执行力。企业应建立健全金融风险预警系统规则——预警规则，即企业在进行某种经济活动时，企业的金融平台需要对其提供可配置且能够即时生效的预警机制，供专业的人才使用，比如进行资金的大笔交易时，企业应为大笔交易设置一个单独的账户，如果发现存在问题就必须立刻终止交易，然后进行警告处理，根据企业的财务风险预警方案制定的实时预警信息数据，由有关人员将具体的风险信息报告并且将情况以最快的速度上报给企业的相关领导。管理人员可以通过风险的大小提出意见，可以阻止交易的继续运行，也可以提出解决方案，继续进行交易，但是必须将风险降到最低，避免企业受到损失。

大数据背景下，企业的财务部门责任重大，因此对财务部门工作人员的专业水平及综合素质提出很高的要求。建立企业大数据财务分险预警系统是一个企业谋求发展的必要措施。企业可以将风险预警系统融入企业管理，设立风险预警系统的监督部门，健全企业财务金融的风险机制，提高风险预警系统的执行力等，使该系统可以充分发挥其工作职能，提高企业的安全性，增强企业的市场竞争力。

第四节　大数据背景下企业财务风险管理体系模型的构建

企业财务风险管理是企业发展过程中不可忽视的一部分，是关系到企业成败的重要因素。大数据时代的到来，给企业发展带来了机遇和挑战，企业财务管理也面临着前所未有的风险，建立全面可靠的财务风险管理体系，加强对企业财务风险的防范，成为企业发展应该重点研究的问题。本节分析将企业财务风险管理体系发展中存在的问题，探讨建立健全防范体系的意义，对财务风险管理体系模型的构建提出建议。

完善的财务风险管理系统，能够帮助企业在面临任何风险时做出准确及时的预测和决策。大数据时代的到来对企业的财务风险管理系统提出了更高的要求，如何应对大数据背景下的市场经济走向，应对市场经济发展的"新常态"，成为当下企业财务管理中应该关注的重点问题，而防范财务风险、完善风险管理系统、提高防范政策的实施力度等显得十分重要和迫切。

一、企业财务风险管理系统构建的重要性

它有利于为企业内部决策提供有效的信息依据。企业的财务状况能够准确地反映出企业内部的经营状况、盈利情况，管理者可以通过财务系统所反映出来的经营状况的好坏来决定下一步的经营决策。同时，企业财务系统管理者通过分析企业人员的工资体系、绩效管理体系等了解员工的工作状态，其对企业运营所做出的贡献，也可作为企业人事调动的依据，成为企业高效管理的重要辅助信息。

它有利于企业应对新时期可能出现的财务风险。大数据时代是各种信息爆炸的时代，企业面临着前所未有的挑战和各种新的不利于企业发展的因素。市场经济的高速发展也成为企业财务风险存在的必然因素，企业获取市场信息的速度和准确性、做出经营决策的有效性成为影响企业经营成败的重要环节，而有效应对这种可能出现的财务风险，也是企业构建财务风险管理体系模型的重要原因。

它有利于企业实现最大的经济效益。企业财务风险管理体系，能够帮助企业应对市场经济发展中的各种不确定性，应对企业内部、外部面临的各种潜在的挑战和竞争，提高经营管理效力，为企业的经营发展提供有效的财务信息依据，还能够帮助企业在资金流动的过程中进行适时的监督和预警机制，从而帮助企业在第一时间发现财务危机和预防财务危机，并能够帮助企业在遇到危机时能够在最短的时间内，以风险最小的方式解决，将企业可能的风险和损失降到最小，从而实现经济效益的最大化。

二、大数据背景下企业财务风险管理体系存在的问题

一是财务风险管理程序老旧、不完善。一个成熟的企业需要有一套完善的财务风险管理体系作为支撑，以应对市场经济发展过程中的潜在危机。然而，大数据时代的到来，市场经济发展速度加快，让各种不可预测的风险成为企业发展中的潜在威胁。而此时，有些企业依然沿用传统的财务风险管理模式，没有将新的风险划分到管理系统中，给企业发展带来威胁。另外，很多企业的财务风险管理体系只是一个空壳，系统中的各个机构人员设置都不到位，没有专业的财务风险管理人员作为支撑，这样的财务风险管理体系运行起来会面临重重困难。

二是财务风险管理制度执行力度不够。大数据背景下很多企业已经具备财务风险管理体系，有着丰富的财务风险管理经验，然而，随着经济的发展，很多企业的财务风险管理体系只停留在制度层面，基于制度制定出的各种运行政策都没有得到有效的实施，在这种情况下，即使企业有完善的财务风险管理体系和有完善的财务风险管理制度，但由于执行力度不够，企业因此处于非常危险的市场经济环境中，从而不利于企业的健康成长。

三是对财务风险管理体系实施的监督力度不够。管理机制和监督机制是相辅相成、共同完善的，管理机制的有效运行、各种企业经营政策的实施还需要严格的监督机制作为保障。而对于财务风险管理体系来说，只有更加完善、严格的监督体系，才能把企业的财务风险管理置于一个更加公开透明的环境中，才能及时发现财务运行中出现的问题。然而，大数据背景下的企业忙于应对各种新的经济形势带来的挑战，而忽视了对企业财务风险管理制度的监督和管理，从而导致各种财务问题的产生，给企业的发展带来威胁。

三、大数据背景下企业财务风险管理体系模型构建的途径

一是提高企业财务风险管理体系在企业运行中的地位。大数据背景下的市场经济发展环境越来越复杂，有一个良好的企业财务风险管理体系显得尤为重要。首先，企业应提高财务风险管理体系的执行力度，将此体系真正贯穿到企业管理中的各个方面，对不按照财务管理制度运行的人员进行严厉的惩罚，对考核不合格的人员进行相应的惩罚，提高财务风险管理制度的威信力；其次，企业要对本公司的财务风险管理力度进行大力宣传，做到人人懂，进而人人尊重、人人能够自觉地按照此风险管理体系的要求管理自身的行为；最后，管理层应该意识到财务管理体系在企业发展过程中的作用，积极构建完善此体系，逐渐形成完善的财务风险管理体系，使其真正发挥在大数据背景下应该有的作用。

二是建立完善的企业财务风险管理体系运行监督机制。管理机制和监督机制是相辅相成的，是一个企业良好发展过程中最需要具备的。为了提高企业在大数据背景下的竞争力，首先，企业应该建立完善的企业财务风险管理体系，以大数据时代为背景，以市场经济发展现状为依据，积极引进学习国外先进的管理体系，结合企业自身发展现状，建立起完善的风险管理体制，提高财务管理能力，提高企业应对财务风险的能力；其次，建立完善的监督机制，形成内部监督和外部监督相结合的完善的监督体系，内部监督主要通过将财务情况公开透明，形成员工与其他部门对财务管理的监督，外部监督主要通过各种审计机构对企业进行定期的审计、检查和监督，发现企业经营过程中出现的各种问题。外部监督关系到企业在社会上的形象和声誉，因此企业更应该重视，以完成企业从内而外的各种财务风险管理制度的构建和完善，帮助企业进行科学决策。

三是培养一支高素质的财务管理人才队伍作为辅助。大数据时代的到来对企业财务管理体系的构建提出新的要求，培养一批高素质的财务管理人才队伍至关重要，因为人才是企业创新发展的内在动力。

大数据时代对企业财务管理提出了更高的要求，对财务人员的专业素质和整个企业的运营管理水平也提出了更高的要求。大数据背景下，市场经济发展迅速，企业只有建立完善的财务风险管理体系，完善企业内部的各种监督机制，才能有效应对我国经济发展转型时期可能出现的各种潜在的经济威胁，才能壮大企业实力，增强发展动力，才能让企业在新时代下发展成为更优秀的企业。

第五节　大数据背景下的内部审计与财务风险管理

信息化社会的到来，使企业内部和外部的各类信息变得纷繁复杂，企业资金流动情况又表现出了许多新特征，如何充分利用海量的信息为企业的运作提供服务，对企业资金的流转有着重要的影响。在大数据背景下，企业的财务管理活动迎来了又一轮新挑战。本节将就大数据背景下内部审计在财务风险管理中的作用进行深入的探讨。

在企业管理活动中，内部审计常常是企业规避财务风险的重要途径，通过加强内部审计能够提高企业抵御各种财务风险的水平，促进企业可持续发展。然而，在大数据背景下，大量的信息给内部审计活动的开展带来许多干扰，如何充分利用大数据的价值为内部审计提供决策依据，做好财务风险管理工作，是决定企业能否稳定发展的重要因素。因此，研究大数据背景下内部审计对财务风险管理的影响有着极为重要的现实意义。

一、大数据和内部审计概述

大数据（Big Data）是指借助于计算机技术、互联网，捕捉到数量繁多、结构复杂的数据或信息的集合体。大数据的"大"并非仅仅指数量繁多，而是指通过数据挖掘、分析，专业化的处理，蕴含的价值大。大数据具有 5V 的特点：第一，Volume(大量)，即数量繁多。第二，Velocity(高速)，即数量高速增长，呈几何式增长。第三，Variety（ 多样)，数量类型多样、结构复杂。第四，Value(低价值密度)，即海量数据需采集、分析才能捕捉到有价值的信息。第五，Veracity(真实性)，即数据的产生与处理是实时的，具有准确性。

本节所讲的内部审计是指企业的内部审计活动。它在性质上属于一种咨询活动，其活动开展具有相对独立性。高效的内部审计活动是保证企业高效运行、规避风险、提高经济效益的重要手段。内部审计对于企业的内部控制至关重要，可以作为企业改善治理现状的重要途径，从而实现企业的长远发展。内部审计最重要的作用之一就是其在规避财务风险方面的特殊功能，使企业的各项活动受到严格的监督，保证企业的经营行为符合国家现行政策及相关法律法规，营造社会主义市场经济的良好环境。随着大数据时代的到来，企业内部审计活动的效率、流程和作用也受到了一定程度的影响。

二、当前企业内部审计存在的问题

大数据是信息化社会的产物，企业所处的环境已发生巨大的变化，然而企业内部的审计制度却没有做出相应的优化，其与经济发展的矛盾日益显现。首先，它表现为我国审计制度体系未完全构建起来，在很多地方均未看见其对企业财务管理的指导作用，在大数据背景下，现有的审计制度无法识别出最有价值的信息；其次，一些审计人员的专业素质偏低，习惯了传统经济体制下的审计模式，不能很好地在大数据背景下继续提高效率，使企业内部的审计工作停滞不前；再次，在审计技术上明显落后当前的先进理论，仍然以传统的审计流程开展审计工作，使许多资料的作用无法突显，在信息化时代下，这种落后的审计技术自然无法很好地规避财务风险；最后，企业管理信息化使审计活动与其他诸多管理活动形成了互动的渠道，对内部审计的独立性造成了严重的破坏，这一方面可以有效利用少量数据为审计服务，另一方面又使审计工作受到其他管理活动的干扰。

三、大数据背景下企业内部审计的作用

一是快速获取大量信息。大数据背景下，企业可以通过互联网和其他途径快速获

取大量相关信息，尤其是一些经济数据和财务管理信息，可以为企业内部审计提供更强大的数据支持。但大量的数据需要充分挖掘才能发挥其财务风险管理作用，因此企业必须通过信息化手段深入挖掘大数据的价值。

二是提升内审工作效率。我国经济环境不断趋好，企业发展环境更加开朗，业务规模进一步扩大，相关的审计数据和财务管理活动也更加复杂和频繁，这使内审人员的劳动强度不断增加。在大数据背景下，大量的财务管理软件和审计管理专业软件的引进大大解放了审计人员的劳动力，提高了内审效率。

三是规避企业财务风险。大数据为企业集中获取和处理数据提供了可能性，使更多的信息可以充分互动，内部审计工作更加科学客观。在内审效率不断提高的条件下，企业对未来的财务管理活动具有更加精确的预见，可以提前采取预防措施规避财务风险，使财务风险的管理实现动态化。

大数据背景下，我国企业的内部审计还未能很好地适应时代的需求，造成企业内部审计不能很好地服务于企业的财务管理工作，给企业的发展带来了一定的阻碍。不难预见，随着大数据时代的发展，我国企业将更加重视财务风险管理，并在内部审计制度上不断寻求突破，充分发展大数据背景下内部审计对于财务风险管理的重要作用，促进企业的长远健康发展。

第六节　大数据背景下财务管理的转型研究

所谓的大数据技术，指的是在种类繁多的数据之中，能够快速将富有价值的信息提取出来的技术。随着互联网信息技术的飞速发展，我国已经步入了大数据时代。大数据为广大企业提供了新型的思维、技术以及丰富的资源，将其带入了全新的发展时期。因此，企业的财务管理也要随着时代的潮流而转型，将数据的提供、风险的控制、资源的规划及现金流分析纳入财务管理范畴。如此一来，它可以促进企业的健康可持续发展，推动其价值的提升。

随着现阶段互联网金融的快速发展，大数据时代已经来临，国际化、综合化以及信息化成为企业发展的主要方向。由于企业规模的日渐壮大，只有对财务人员和财务理念进行转型升级，才可以适应企业现阶段的发展趋势。在大数据背景下，对财务管理转型有了更高的要求。财务工作者必须建立大数据思维，深入研究数据的收集、存储、分析及应用，将可视化的信息呈现形式建立起来，把信息基础提供给企业的经营管理决策。

一、大数据技术对企业财务管理的意义

1. 提升财务管理信息的精准度及控制企业风险的能力。

在大数据背景下，企业对海量数据的整合可以做到精准高效。此外，大数据技术要求的标准化以及规范化让大部分的财务数据更加直观准确。在大数据技术并未出现的时候，财务报告需要经过非常烦琐的过程，由于缺乏技术手段处理，企业没有对财务数据引起高度重视，尽管视之为重要资源，但是利用率低下。然而，在大数据背景下，风险管理可以让企业获得更为全面的风险源数据，能够让风险管理系统更加权威，在帮助企业快速处理风险事件的同时，满足企业管理监测的需要。

2. 提高财务管理信息对企业决策的支持力。

企业构建了预算大数据平台之后，大数据背景下的成本管理及全面预算管理可以有效处理以往出现的诸多问题。比方说，企业可以利用它对本期的实际业务数据实施改造处理，然后再和预算数据进行对比，这样便可以获取可信的预算执行方案，对处理各部门的工作有很大的帮助，可以有效提升企业经营管理的效率。在过去的工作模式当中，企业难以应对如此繁多的数据，然而在大数据背景下，企业能够轻松获得海量的多维度信息，将企业从烦琐的数据监测工作中解脱出来，从而有更多的时间处理问题。

二、大数据背景下企业财务管理的转型

一是财务人员由专才向全才转型。在大数据背景下，如果要提升企业财务信息化的水平，就必须加强人才的培养。利用财务管理工作带来的影响可以有效推动业务工作的进行，如此企业才能够通过大数据技术的集中和存储，探索出财务工作最佳的发展方向。在大数据背景下，企业的财务管理不可缺少决策层的推动力。企业的决策层非常了解传统的数据分析，可以在传统数据分析的基础上，做出许多科学的决定。

二是资金管理向产融结合转型。过去的财务管理主要是对资金进行控制。而在大数据背景下的资金管理，不仅仅是指资金调配，更重要的是不同层次的产融结合。利用资金市场的直接融资，将单纯的资金管理运营转化为深度资产管理。在大数据背景下，企业必须构建科学的资金管理制度，提升资金的监管水平，灵活利用互联网技术的优点，实现银企互联。除此之外，还需建立统一的财务管理制度，提升控制管理资金的效率，进而保障资金的安全。财务部门需要对子公司的每一项收入及各个部门的收入进行管理。与此同时，还需要负责回收各个子公司的资金，对其使用方法进行监督。

三是财务管理向财务共享中心转型。现阶段企业降低成本、提升服务水平的一种科学的管理模式就是共享服务，它的价值得到了许多世界知名企业的高度认可。在企

业内部，共享服务中心作为一个独立经营体，全部按照市场机制运作，可以将优质的服务提供给企业的内部人员。它可以整合企业内部重复建设的业务功能，可以在节约成本的基础上，有效提升企业后台的服务效率。

大数据背景为传统财务向管理型财务的转变提供了一定的历史条件，在数据的收集过程中，标准化与信息化是首先需要考虑的问题。大数据背景推动了企业发展模式的变化，这就需要财务工作者从业务的角度分析问题，培养自身的财务思维，为财务管理的转型奉献自身的智慧。

第七节　大数据背景下政府部门财务风险的控制

财务管理是政府部门管理活动中内部建设的关键，有效控制各种财务风险是政府管理工作存在的前提。大数据技术的使用，使得政府部门财务风险控制更加有针对性、更加系统化。但是在政府部门财务风险控制与大数据融合的过程中，需要从政府管理思维、财务管理模式及人才培养方面进行创新。本节针对大数据背景下财务风险的控制策略进行研究。

随着科技的不断发展，移动智能技术、云计算等信息技术也有着不同程度的进步，目前，大数据成为社会大众关注的"新星"，利用深度挖掘的大数据潜在价值，政府部门可以更加准确地预测未来发展趋势。与此同时，这种基于大数据分析形成的社会发展趋势完美契合了政府财务风险控制的需求。对于政府部门财务风险管理来说，大数据时代的到来对传统财务风险管理产生了巨大的冲击，政府应深度研究当前财务管理中存在的弊端，优化大数据背景下财务风险控制环境。

一、大数据背景下政府部门财务风险预警中存在的问题

一是财务管理观念陈旧，对大数据技术认识不到位。大数据背景下，政府部门财务管理风险控制理念的落后严重影响了对财务风险的控制。详细来说，由于过度强调地方经济考核指标，政府部门财务管理将工作的重点放在了经济效益最大化的方向上，从而导致在社会管理过程中会遗漏掉一些非经济的信息，使得财政管理陷入唯经济成果论中。在政府财务管理部门，员工在任职前的经历不同、所处岗位不同，使其对财务管理对象的认知存在偏差，高度重视有形资产，轻视数据所包含的信息价值，从而导致政府的财务工作信息化建设严重滞后，无法与大数据背景相融合。

二是信息共享不及时，内部控制建设不完善。在大数据背景下，社会中各个环节的快速、有效沟通都是建立在信息共享的基础上，而在政府部门财务管理中，信息共

享不及时，造成财务会计数据真实性不高，根据这些数据分析出的信息应用性也不高。比如说，某些部门在进行内部控制建设时，财务部门独立于其他部门，造成财务部门与其他部门之间的信息交流不及时、不顺畅，从而对财务部门收集数据的工作产生一定的负面影响，甚至其他部门不积极地配合、支持财务部门的工作。若对政府财务数据的获取不及时、不准确，那将会造成部门所做出的财务管理决策缺乏全面性，从而增加财务风险。

三是财务人员素质略低，无法合理使用大数据技术。在大数据背景下，政府部门要想对财务风险进行有效的控制，就应对财务人员的数据分析能力、财务管理能力、风险意识、职业道德等素质要求更为严格。但就目前政府财务管理人员的基本素质情况来看，大部分财务管理人员的基本素质并没有达到大数据背景下财务风险控制的最低要求，财务管理理念落后、专业知识不足、风险控制能力水平低下使得他们在财务风险控制工作中难以起到真正的作用。

二、大数据背景下政府部门财务风险控制的相关对策

分析大数据背景下的财务管理特点，转变财务风险控制思维。大数据最基础的特点就是拥有海量的数据，在大数据背景下，政府部门的财务风险控制需要结合大数据分析技术，从而为政府提供更加可靠的数据信息。在政府部门财务风险控制中，创新理念对其有着非常重要的指导意义。相较于传统的财务风险，大数据背景下的财务风险具有新的特征，越来越复杂的财务管理环境，需要更加系统的理论来支撑。由此可见，其一，要建立大数据意识，要将大数据分析观念有效融入财务会计信息处理过程中，采用智能财务管理系统，把人工操作导致的财务风险降到最低，从而保证财务信息的真实、安全。与此同时，要在财务风险控制过程中逐渐渗透精细化的观念，从细节开始，当财务数据较多时更要注意细节，保证对部门财务风险进行有效的控制。其二，要从政府部门的管理层开始改变对大数据的看法。当前有部分高层管理者或者财务管理者认为大数据是通过模型对未来进行预测，而在政府部门实际会面临诸多不确定的因素来影响未来的发展，因此用大数据分析技术来进行预测缺少灵活性。所以说，应结合大数据背景，利用数据分析结果的应用性来改变政府部门管理和对大数据分析技术的误解。其三，要明确财务风险控制的关键。通过大数据分析技术，对财务风险控制中的成本、收益进行深度分析，并尽最大可能来控制政府的财政损失，采用全程控制的思想，提升数据分析结果的应用性。其四，要将大数据融合进政府部门的管理文化中。大数据管理是一种全面管理、系统管理、量化管理的思想，它不仅能够优化财务风险控制结构，还能够促进传统财务风险控制模式的改变，引导全体员工的积极性，增加财务风险控制工作对大数据分析技术的肯定。

　　实施新的财务管理模式，创新财务风险控制方法。随着信息技术的不断发展，信息的更新速度也在不断加快，数据规模在不断增大，数据整合的程度也有着飞跃性的发展。为了使政府部门的财务风险控制更加适应大数据背景的特征，需要对传统的财务风险控制做出调整，管理者可以从以下方面入手：首先，结合大数据的优点建立新的财务风险控制模型。新的财务风险控制模型具有更全面的分类别分析功能，能够对政府部门所面临的财务风险有着直观的分析。其次，结合财务风险控制信息化的要求，优化财务风险控制组织的结构。大数据背景下，传统财务风险控制工作的局限性要彻底打破，采用科学合理的组织结构设置，明确财务管理信息化结构中工作人员的职责，为数据分析打下坚实的基础。最后，要完善财务风险控制流程。在政府部门实际运行过程中，因为财务风险具有很强的传导性，所以财务风险控制流程也要对应地进行完善。否则，一旦某一环节出现空档，财务风险控制会受到极大的影响，政府财经将面临损失。

　　加强数据分析人才培养，构建财务风险控制专业团队。在大数据背景下，传统财务风险控制工作中的员工已经不能满足大数据分析的工作要求，还存在一定概率增加政府部门的财务风险，所以应加强对财务风险控制人员的培养。其一，从思想上提高人员对财务风险控制的认识。传统的财务风险控制知识已经无法满足当下社会现状，政府可采用培训等活动，提高财务风险控制人员的信息技术能力，培养其信息化财务风险控制意识。其二，明确财务风险控制人员的工作岗位及岗位职责。要结合政府部门特点、业务需求，科学合理地设置财务风险控制人员数量，促进政府部门财务风险控制的不断完善。其三，培养精准化的人才。政府部门财务风险有效控制离不开财务专业人员的支持，政府可以与各高校达成协议，培养精准化的人才，达到人才与部门财务风险控制有效衔接。其四，加强对财务风险控制人员的绩效考核标准，在大数据背景下，政府可以依靠大数据分析技术的优势，对财务风险控制人员的工作做出全面的考核，保证政府内部财务风险控制的有效性。与此同时，检测出工作人员的财务专业水平，并根据不同的需求制订不同的培训计划，避免人为因素造成的财务风险。其五，要高度重视财务工作人员的职业道德操守，不论是传统的财务风险控制工作，还是大数据背景下新的财务风险控制工作，财务人员的职业道德操守都是至关重要的。

　　综上所述，在大数据背景下，政府部门应将大数据的特点融入政府管理发展趋势等因素中，对政府部门的财务风险控制进行优化，深入分析财务风险控制过程中存在的难点，从思想上开始改变，从行动上做出调整，从信息化建设上取得支持，从人员培养中获得数据分析应用价值，从而逐步优化财务风险控制过程，为政府部门的科学管理与决策打下坚实的财务基础。

参考文献

[1] 赵丽.我国公益类事业单位财务管理问题研究 [D].财政部财政科学研究所，2012.

[2] 刘永君.上市公司财务审计与内部控制审计整合研究 [D].西南大学，2013.

[3] 廖菲菲.内部控制审计、整合审计对财务报表信息质量的影响 [D].西南财经大学，2014.

[4] 邢萌.上市公司整合审计业务流程优化问题研究 [D].杭州电子科技大学，2014.

[5] 张莉.财务报表与内部控制整合审计流程设计及应用 [D].兰州理工大学，2014.

[6] 谢林平.论内部控制审计与财务报表审计整合的意义与流程 [J].中国内部审计，2015(8)：90-93.

[7] 李哲.财务报表审计和内部控制审计的整合研究 [D].云南大学，2015.

[8] 黄雅丹.我国上市公司财务报表审计与内部控制审计整合研究 [D].吉林财经大学，2014.

[9] 罗娜.整合审计在我国会计师事务所的运用研究 [D].西南财经大学，2013.

[10] 吴俊峰.风险导向内部审计基本问题研究 [D].西南财经大学，2009.

[11] 丁晓靖.电力基建项目全过程财务管理体系研究 [D].华北电力大学，2014.

[12] 钟健.河北国华定州电厂 (2X600MW) 工程基建管理信息系统 (MIS) 的设计与实现 [D].四川大学，2014.

[13] 林少伟.广东粤华公司 2×660MW 基建项目信息化管理应用研究 [D].华北电力大学 (河北)，2012.

[14] 侯禹辛.ZH 公司对 A 公司进行融资租赁的财务风险研究 [D].天津商业大学，2015.

[15] 夏斌斌.价值链视角下融资租赁企业税务筹划研究 [D].天津商业大学，2015.

[16] 武军.煤炭企业财务风险内部控制体系研究 [D].天津大学，2011.

[17] 袁清和.基于作业的煤炭企业成本管理体系研究 [D].山东科技大学，2011.

[18] 王明芳.我国电商企业信用管理体系的研究 [D].南京林业大学，2015.

[19] 任立周.我国事业单位财务管理现状及对策研究 [D].山西财经大学，2011.

[20] 王巍.中国并购报告 2006[M].北京：中国邮电出版社，2006.